CARRÉS CLASSIQUES

Collection COLLÈGE dirigée par
Cécile de Cazanove
Agrégée de Lettres modernes

Anthologie du slam

Édition présentée par
Léo Lamarche
Agrégée de Lettres modernes

Nathan

Sommaire

Avant la lecture

Lire le slam

ISBN : 978-2-09-187809-6

Après la lecture

Autres lectures

Avant la lecture

Poètes slameurs

Pilote le Hot

Originaire d'Aubervilliers et élevé dans l'esprit des cultures alternatives, Pilote le Hot a été l'initiateur des premières scènes de slam parisiennes, dès 1995, en compagnie de Nada et MC Clean. Défricheur de poésie depuis 1985, il s'est construit un personnage, un débit et un son poétiques qui sont devenus sa marque de fabrique. Aujourd'hui, il poursuit sa mission de poète et d'acteur culturel sur plus de 250 scènes, en France et à l'étranger.

Grand Corps Malade

Dès son apparition sur les scènes ouvertes, Fabien Marsaud, originaire de Saint-Denis, remporte de nombreux tournois slam et décroche en 2005 un contrat pour son premier album *Midi 20*. Aux Victoires de la musique, le poète obtient les prix « Artiste révélation de scène » et « Album révélation » de l'année 2007.
Il anime de nombreux ateliers dans les écoles, les maisons de retraite et les prisons.

Abd Al Malik

Né à Paris, Régis Fayette-Mikano passe son enfance à Brazzaville, puis grandit dans une cité HLM de Strasbourg. Son appétit de savoir le conduit sur les bancs de la faculté, qu'il délaisse pour fonder le groupe de rap NAP (New African Poets) dont il est le leader. En 2006 sort son album *Gibraltar* où ses textes sont récités plutôt que rappés, si bien que le public l'associe au mouvement slam. *Gibraltar* sera primé aux Victoires de la Musique en tant

qu'« Album de musiques urbaines » de l'année.
Entre rap et slam, Abd Al Malik poursuit sa carrière.

Fédération Française de Slam Poésie

Depuis plus de dix ans, la FFDSP promeut les performances et les créations de poésie, en organisant des événements scéniques afin de stimuler la créativité, d'ouvrir les esprits, d'encourager les artistes, et d'engager les communautés du monde entier dans l'art du langage... (www.ffdsp.com)

129 H

Depuis 2001, cette association et label de production a pour objet d'encourager et de soutenir le développement de pratiques artistiques et culturelles émergentes. Située dans le XXe arrondissement de Paris, elle conçoit et met en œuvre en France et à l'étranger des projets à dimensions artistique, culturelle et sociale. (www.129h.com)

Slam ô féminin

Créée en 2003 durant le Printemps des Poètes, cette association convie des filles qui slament à réaliser des prestations communes. Par l'interprétation de leurs textes, entre émotion poétique et phrasés hip-hop, elles se construisent un style qui leur est propre et animent spectacles, scènes ouvertes, ateliers et manifestations culturelles. (slamofeminin.free.fr) ■

La France du slam

◆ Un art importé des États-Unis

À la fin des années 1970, Jérôme Salla et Élaine Equi commencent à animer des lectures de poésie dans les bars et les clubs de Chicago. Ils ont alors l'idée d'organiser des compétitions d'art poétique sur le modèle des matchs de boxe : il s'agit de tournois où les mots sont brandis comme des armes pour vaincre l'adversaire et où le public juge, par ses applaudissements, de la qualité des performances. De ce « pugilat verbal » naît le terme de *slam* – en anglais, littéralement « écrasement », ou « claquement » (de porte, par exemple).

« Des tournois de mots »

Une quinzaine d'années plus tard, le poète-écrivain Marc Smith, ancien ouvrier du bâtiment, se sent investi d'une mission : démocratiser la poésie, lui donner la même place, dans la société, que le football ou les concerts populaires. Il organise des soirées au « Get-Me-High Lounge » de Chicago ouvertes à tous, toutes tranches d'âge, origines ou catégories sociales confondues : il faut juste avoir quelque chose à dire et le désir de l'exprimer. En 1986, le slam gagne New York puis San Francisco, Boston, Detroit...

En gris italique : les événements politiques américains

1981		Élection de F. Mitterrand *Élection de R. Reagan*
1982		Première Fête de la musique en France
1985	Premières scènes slam à Chicago	
1986	Premiers slams à New York	
1990	Premières performances de slam poésie en France	
1993		*Élection de B. Clinton*
1995	Premier CD de slam français	Élection de J. Chirac

En 1990 naît l'idée du premier tournoi intervilles, le *National Poetry Slam*, qui remporte un vif succès. La popularité du mouvement grandit, aidée par le film de Marc Levin dans lequel Saul Williams, figure émergente du slam, récite ses textes. Le grand public découvre que la poésie libre est un instrument de résistance, d'affirmation et d'émancipation. Relayé par les médias et la télévision américaine, le mouvement gagne l'Europe.

◆ En France, un succès immédiat

Le mouvement slam commence à se développer en France dans les années 1990 sous la forme de scènes ouvertes sans compétition, dans des cafés, squats d'artistes et autres lieux de réunion de Paris. Pilote le Hot, Nada et MC Clean composent le « noyau dur » des premiers poètes-slameurs. L'organisateur de chaque scène donne la parole à tous les volontaires, durant trois à cinq minutes et la règle est « un poème dit, un verre offert ». En 1995, sort le CD *Banquet* de Gérard Ansaloni, considéré comme le premier disque de slam français. Dès l'an 2000, la presse parle de ce phénomène et l'aide à se propager dans tout le pays.

> *« Un réseau qui ne cesse d'évoluer »*

Fabien Marsaud, alias Grand Corps Malade, se voit proposer un contrat par le label AZ pour un album, *Midi 20*, qui sort en 2006 et se vend à plus de 600 000 exemplaires. Le rappeur Abd Al Malik rencontre le même succès

Sortie du film *Slam*, de Marc Lévin
Midi 20, de Grand Corps Malade *Gibraltar*, d'Abd Al Malik
Naissance de la Ligue Slam
1re coupe de la Ligue Slam de France

1998 – 2001 – 2006 – 2007 – 2008 – 2009 – 2011 – 2012

Élection de G.W. Bush
11 septembre 2001, attentats à New York
Élection de N. Sarkozy
Élection de B. Obama
Élection de F. Hollande *Réélection de B. Obama*

avec *Gibraltar*, dans lequel les textes sont dits plutôt que chantés, dans l'esprit du slam.
En 2009 naît la Ligue Slam soutenue, aux États-Unis, par Marc Kelly Smith et en France par Grand Corps Malade. Elle lance en 2011 le premier festival, « La Coupe de la Ligue Slam de France ».
Aujourd'hui de nombreux collectifs et associations, dans toute la France, font vivre le slam et ses valeurs ; le réseau ne cesse d'évoluer, car « ce n'est que le début de l'histoire »... ■

Lire

Le slam

1. Rouda
« Rappeur de gouttière »

Sur des toits de tôle, la nuit se fend d'éclairs d'étoiles,
Dans le flou d'un clair de lune, les nuages se crèvent,
Et l'encre noire s'écoule.
Rappeurs de gouttière : envie d'goutter[1] ces rêves qui ne sont pas prêts d'aboutir
Poètes de gouttière : en c'début d'millénaire, barrières, obstacles qu'on est tout prêts d'emboutir[2]
Funambule, instable comme tout équilibre
J'déambule sur les toits de Paris
Certains ont souhaité m'voir tomber
J'm'en gratte encore les cicatrices
Nyctalope[3] sous psychotropes[4], je suis le psychocat
Un acrobate pas très propre et dans mes poches même pas six kopecks[5]
On aimerait me voir miauler, ouais, mais ça, j'en suis pas cap',
J'préfère cambrioler, m'faufiler, voir ma vie sur un fil dans chaque escapade.

Je suis d'ceux qu'on appelle les rappeurs de gouttière
Ma route entre les gouttes passe de poutres en pierres
J'suis un poète de gouttière, la lune colore mes paupières
J'avance à tâtons, j'pose mes griffes là où l'obscur devient plus clair.

Rappeur, slameur, poète… impossible à classer
Donc j'fais l'rappeur avec une dent cassée

1. Jeu de mots entre *goûter* (= apprécier) et *goutter* (= ruisseler).
2. Enfoncer.
3. Personne capable de voir dans l'obscurité.
4. Tranquillisants.
5. Ancienne monnaie russe, qui équivalait au centime. Ici, monnaie de peu de valeur.

J'ai beau boiter, j'vais pas vous embêter, j'fais que passer
Écrire c'est ma passion, mais j'demande pas de caresses
Je sais qu'ici y'a besoin d'espace et grand besoin d'espèces[6]
Pulsions : j'évite fossés, impasses et contourne les brutes épaisses
Je crains l'eau froide comme j'crains la foule
J'observe un monde qui m'fout les boules[7]
Félidé[8], j'suis très fidèle, j'fais pas la folle, car j'suis fou d'elle
Au fond des ruelles, mon univers du béton
Qu'on m'chasse à coups de bâton, écrire j'laisserai jamais béton[9]
Faut qu'on m'adopte ou qu'on me dompte
Faut qu'on m'écoute ou qu'on me coupe
Rappeur de gouttière, t'as pas compris, j't'envoie d'la doc[10].

Je suis d'ceux qu'on appelle les rappeurs de gouttière
Ma route entre les gouttes passe de poutres en pierres
J'suis un poète de gouttière, la lune colore mes paupières
J'avance à tâtons, pose mes griffes là où l'obscur devient plus clair.

In *Anthologie du slam*, © Seghers, 2002.

Le verlan

Le terme vient de l'expression « (à) l'envers ». C'est une forme d'argot français qui consiste à inverser les syllabes d'un mot. Ainsi, *branché* devient *chébran* et *racaille* donne *caillera*.

6. Argent.
7. Me met très mal à l'aise.
8. Famille de mammifères à laquelle appartient le chat.
9. Tomber, en verlan.
10. Documentation.

Chats de gouttière sur un toit.

TAXI
CA-756-HE
MEDECINE
Lafayette

2. Didier Feldmann
« Abribus »

La belle des Galeries Lafayette[1]. Il n'y a dans cette nuit vide que cette femme de publicité. Elle habite dans les abribus[2]. Se protégeant des regards par une vitre. Elle est seule. Elle habite dans les abribus, seule, se protégeant des regards par une vitre. Une fenêtre fermée. Elle est seule et habillée de noir. Une fenêtre fermée devant elle pour se protéger du temps. À sa fenêtre fermée, habillée de noir, elle veille pour se protéger du temps, la lumière allumée. Son visage est parfaitement maquillé. La lumière allumée aplatit son visage, fausse[3] les perspectives. Elle est grande, habillée de noir, seule, éclairée par une lumière fadasse[4]. Une lumière sans relief qui souligne son parfait maquillage. Son regard est seul aussi, il ne cherche, ni ne trouve quelque chose à regarder. Dans la journée, fenêtre fermée, elle reste insensible aux milliers de regards des gens. Que les gens déposent sur elle. Lumière allumée de femme seule, qui berce la nuit vide. Elle ne dort pas, reste en éveil. Les milliers de regards n'altèrent[5] pas le sien. Protégée par la vitre fermée, lumière toujours allumée, elle compte les jours qui lui restent. Et ne rêve pas.

Son corps à l'étroit ne souffre pas. Son sourire est seul aussi. Elle a un chapeau rouge et une robe noire. Un chapeau rouge en forme de cœur. Sa robe noire la découpe sur le fond blanc du décor. Son corps détouré[6] est moulé par cette robe noire. Sa robe noire est un fuseau qui efface les formes de ses seins, de ses jambes. Elle est seule, en noir, avec son cœur rouge sur la tête. Son cœur rouge sur sa tête est seul. Derrière la vitre ils sont trois : elle, sa robe, son cœur en forme de chapeau rouge. Ils vivent ensemble

Poème en prose

Ce slam de Didier Feldmann est un poème en prose : il n'est pas organisé en vers, mais recherche par le rythme, les sonorités, les images et les répétitions les mêmes effets que ceux d'un poème traditionnel. Dès le XIXe siècle, Charles Baudelaire et Arthur Rimbaud ont développé cette forme poétique.

Ci-contre : Affiche publicitaire dans un abribus parisien.

1. Grand magasin.
2. Arrêt d'autobus muni d'un abri sur lequel des publicités sont affichées.
3. Déforme.
4. Pâle (*péjoratif*).
5. Changent.
6. Dont on a découpé les contours.

à l'unisson de[1] l'image. Ils vivent ensemble derrière la vitre qui les retient. Sa robe est jolie. Son cœur rouge est joli. Elle est jolie. Elle est intouchable. Elle retient son souffle derrière la vitre. Son cœur rouge tache la vitre qui la protège et l'enferme. Parfois un tube néon ne fonctionne pas. Elle est alors en demi-teinte. En demi-vie. Parfois, la pluie s'est infiltrée en elle. Elle est alors ondulée, son cœur rouge déformé est grotesque. Parfois, un tag lui tatoue le visage. Sur son visage de solitude. Sur son visage de solitude qui habite la nuit. Sur son visage de solitude qui habite la nuit vide et sale de la ville. Sur son visage de solitude qui habite la nuit vide et sale de la ville. Qui dort.

In *Anthologie du slam*, © Seghers, 2002.

1. En harmonie avec.

3. Paul Cash
« Fenêtre »

Je dédie ce poème à celui ou celle qui fume une cigarette à sa fenêtre
La pluie de la gouttière se déverse brûlante sur une poubelle
Et je pense à celui ou celle qui fume une cigarette à sa fenêtre
Seul à sa fenêtre
Heureusement, nous, on s'est démerdé à pas être tout seul
Malheureusement, il y en a qui sont pas tout seuls à être tout seuls
Ça doit être dur d'être seul dans la vie
Seul à sa fenêtre
Avec une seule cigarette
Alors, pour ces gens-là, je me rallume une autre cigarette
Pendant que la pluie bat plus fort
Et puis je pense à celui ou celle qui n'a même pas de fenêtre
À celui ou celle qui fait la manche[2] uniquement pour une cigarette
J'espère pour eux qu'ils n'ont plus d'espoir
Pour eux l'enfer, c'est l'espoir
Et puis je pense aux alcooliques
Quand le vent se fait plus fort
Quand il leur reste encore l'espoir d'en boire encore un verre
Alors je bois un verre à ma fenêtre
Et je trinque aux gouttières et aux poubelles
Et puis qu'il pleuve ou non
Je pense à celui ou celle pour qui la fenêtre est fermée
Pour qui la plaie reste ouverte.

In *Anthologie du slam*, © Seghers, 2002.

La forme libre

À côté des poèmes traditionnels qui observent un nombre fixe de syllabes par vers et de vers par strophes, se développe dès la fin du XIXe siècle l'emploi du vers libre qui ne présente ni mètres, ni rimes, ni strophes.

2. Demande de l'argent dans la rue.

4. Grand Corps Malade
« Enfant de la ville »

J'avoue que c'est bon de se barrer[1] à la mer ou à la campagne
Quand tu ressens ce besoin, quand ton envie de verdure t'accompagne

Nouvelles couleurs, nouvelles odeurs, ça rend les sens euphoriques[2]
Respirer un air meilleur, ça change de mon bout de périphérique
Est-ce que t'as déjà bien écouté le bruit du vent dans la forêt
Est-ce que t'as déjà marché pieds nus dans l'herbe haute, je voudrais
Surtout pas représenter l'écolo relou[3] à 4 centimes
Mais la nature nourrit l'homme et rien que pour ça faut qu'on l'estime
Donc la nature je la respecte, c'est peut-être pour ça que j'écris en vers[4]

Mais c'est tout sauf mon ambiance, j'appartiens à un autre univers
Si la campagne est côté face, je suis un produit du côté pile
Là où les apparts s'empilent, je suis enfant de la ville
Je sens le cœur de la ville qui cogne dans ma poitrine
J'entends les sirènes qui résonnent mais est-ce vraiment un crime
D'aimer le murmure de la rue et l'odeur de l'essence
J'ai besoin de cette atmosphère pour développer mes sens

Je suis un enfant de la ville, je suis un enfant du bruit
J'aime la foule quand ça grouille[5], j'aime les rires et les cris

1. Partir.
2. Extrêmement joyeux.
3. Lourd et maladroit.
4. Jeu de mots sur le *vers* (du poème) et le *vert* (la couleur).
5. Remue beaucoup.

J'écris mon envie de croiser du mouvement et des visages
Je veux que ça claque et que ça sonne, je ne veux pas que des vies sages

Je trempe ma plume dans l'asphalte, il est peut-être pas trop tard
Pour voir un brin de poésie même sur nos bouts de trottoirs
Le bitume est un shaker[6] où tous les passants se mélangent
Je ressens ça à chaque heure et jusqu'au bout de mes phalanges
Je dis pas que le béton c'est beau, je dis que le béton c'est brut
Ça sent le vrai, l'authentique, peut-être que c'est ça le truc
Quand on le regarde dans les yeux, on voit bien que s'y reflètent nos vies

Et on comprend que slam et hip-hop[7] ne pouvaient naître qu'ici
Difficile de traduire ce caractère d'urgence
Qui se dégage et qu'on vit comme une accoutumance[8]
Besoin de cette agitation qui nous est bien familière
Je t'offre une invitation pour cette grande fourmilière
J'suis allé à New York, je me suis senti dans mon bain
Ce carrefour des cultures est un dictionnaire urbain
J'ai l'amour de ce désordre et je ris quand les gens se ruent[9]
Comme à l'angle de Broadway et de la 42e rue

Je suis un enfant de la ville, je suis un enfant du bruit
J'aime la foule quand ça grouille, j'aime les rires et les cris
J'écris mon envie de croiser du mouvement et des visages
Je veux que ça claque et que ça sonne, je ne veux pas que des vies sages

Je me sens chez moi à Saint-Denis[10], quand y'a plein de monde sur les quais

6. Gobelet avec un couvercle utilisé pour préparer les cocktails et boissons glacées.
7. Voir lexique p. 90.
8. Habitude.
9. Se précipitent.
10. Ville de la banlieue parisienne.

Je me sens chez moi à Belleville[1] ou dans le métro new-yorkais
Pourtant j'ai bien conscience qu'il faut être sacrément taré[2]
Pour aimer dormir coincé dans 35 mètres carrés
Mais j'ai des explications, y'a tout mon passé dans ce bordel[3]
Et face à cette folie, j'embarque mon futur à bord d'elle
À bord de cette pagaille qui m'égaye[4] depuis toujours
C'est beau une ville la nuit, c'est chaud une ville le jour
Moi dans toute cette cohue[5] je promène ma nonchalance

Je me balade au ralenti et je souris à la chance
D'être ce que je suis, d'être serein[6], d'éviter les coups de surin[7]
D'être sur un ou deux bons coups pour que demain sente pas le purin[8]
Je suis un enfant de la ville donc un fruit de mon époque
Je vois des styles qui défilent, enfants du melting-pot[9]
Je suis un enfant tranquille avec les poches pleines d'espoir
Je suis un enfant de la ville, ce n'est que le début de l'histoire

1. Quartier populaire de Paris.
2. Idiot.
3. Cette pagaille *(familier)*.
4. Me réjouit.
5. Foule.
6. Tranquille.
7. Couteau.
8. Fumier des animaux.
9. Lieu où se rencontrent des personnes différentes et des cultures variées.

Pause lecture 1

Partie I

Un poète dans la ville

« Rappeur de gouttière », de Rouda p. 12-13

Avez-vous bien lu ?

À quel animal le poète s'identifie-t-il ?

❏ À un chat.

❏ À un oiseau.

❏ À un chien.

Rappeur, slameur, poète

1 Relevez tous les mots qui renvoient à un animal. Comment s'appelle cette figure de style ? Quel est l'effet produit ?

Un texte à lire, un texte à dire

2 Quelles caractéristiques du texte poétique reconnaissez-vous dans ce slam ?

3 Faites la liste des principales marques de l'oralité (mots coupés, mots supprimés, vocabulaire...).

4 Relevez une image poétique que vous avez trouvée particulièrement parlante et expliquez votre choix.

La ville

5 Relevez les termes appartenant au champ lexical de la ville. Quelle image de la cité le poète donne-t-il ici ?

6 Quel est, à votre avis, le message du slameur ? Que représente pour lui la poésie ?

« Abribus » de Feldmann et « Fenêtre » de Cash p. 15 à 17

Avez-vous bien lu ?

Sur quel sentiment les deux poètes insistent-ils ?

❑ L'ennui
❑ La solidarité
❑ La solitude

Deux slams

1 Dans la 1re strophe d'« Abribus », repérez un adjectif qualificatif et deux groupes nominaux qui sont répétés. Quelles répétitions structurent la 2e strophe ?

2 Quels sont les mots qui reviennent comme un refrain dans « Fenêtre » ?

3 Comparez la ponctuation des deux poèmes. Que remarquez-vous ? Quel est l'effet produit pour chacun d'eux ?

Deux poèmes sur la ville

4 Relevez, dans chaque poème, les éléments urbains mis en relief. En quoi peuvent-ils symboliser la ville ?

5 Sur quels aspects de la ville insiste chacun des deux poètes ? Montrez que leur vision est différente de celle de Rouda (texte 1, p. 12).

6 « Pour eux l'enfer, c'est l'espoir » (« Fenêtre », v. 15) : comment comprenez-vous cette expression ? À quelle image du premier texte s'oppose-t-elle ?

« Enfant de la ville » de Grand Corps Malade p. 18 à 20

Avez-vous bien lu ?

Le poète préfère vivre :

❏ à la campagne.

❏ à la ville.

Deux styles de vie

1 Que représente la campagne pour le poète ? Quels mots clés emploie-t-il pour la décrire ?

2 Sur deux colonnes, énumérez les avantages que présentent, pour Grand Corps Malade, le « côté face » et le « côté pile ». Partagez-vous son avis ?

Une poésie urbaine

3 Quels sont les sensations et sentiments évoqués au fil du texte ?

4 Relevez et commentez les images à travers lesquelles le poète exprime son amour de la ville.

5 Quelles sont les villes citées ? Expliquez ce choix par rapport à la vie de Grand Corps Malade (voir p. 6 et 80 à 83) et au développement du slam (voir p. 8 à 10).

Vers l'expression

Vocabulaire

1. a. Comment est formé le mot *psychocat* ? Peut-on le trouver dans le dictionnaire ?
b. Que signifie-t-il pour le poète ?
c. Citez trois autres mots composés à l'aide du même préfixe.

2. « Elle est grande, habillée de noir, seule, éclairée par une lumière fadasse », dit Didier Feldmann à propos de la belle des Galeries Lafayette.
a. Comment est formé l'adjectif *fadasse* ?
b. Trouvez un autre adjectif formé de la même façon ?
c. Quel autre suffixe péjoratif est employé pour les couleurs ? Donnez un exemple.

À vous de jouer

Slamer la ville

Relisez les quatre slams en relevant les principaux mots et images employés pour décrire la ville. Vous puiserez dans cette « banque de mots » les termes et expressions qui vous plaisent afin de dire, en deux paragraphes ou deux strophes, ce que la ville représente pour vous.

Dire le slam

Préparez la lecture expressive d'un des quatre textes. Au crayon, soulignez les éléments que vous mettrez en relief, marquez les pauses de la voix et réfléchissez au ton que vous allez adopter.

Du texte à l'image

Observez le document → voir dossier images p. I

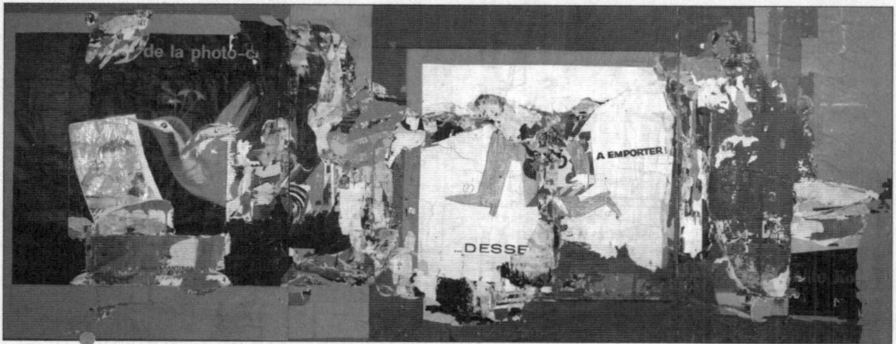

Jacques Villéglé (né en 1926), *Carrefour Sèvres-Montparnasse*, collage (3,19 x 8,10 m), Paris, Musée national d'Art moderne – Centre Georges Pompidou.

1 Quelles sont les dimensions de cette œuvre ?

2 Où a-t-elle été réalisée ? Où peut-on la voir aujourd'hui ? Pourquoi ce changement de lieu ?

3 Identifiez les éléments qui la composent. Que peut-on reconnaître ?

4 Quels éléments de l'image évoquent le dynamisme ? la liberté ? la poésie ?

5 À votre avis, dans quelle intention Jacques Villeglé a-t-il réalisé cette œuvre ?

5. Catherine Mathon

« Mon conte des Mille et Une Nuits »

Un soir au hasard, j'ai rencontré mon ami d'Algérie.
Un soir à Paris, j'suis restée baba[1]
De l'voir tout là
D'vant moi
En chair, en os, et avec sa tête sur son cou enfilée normalement.

Depuis 10 ans
Pas vu.
Depuis l'temps
Qu'j'entends à la radio
Des chiffres moches
Sur des noms de villes ou de villages…

Alger la blanche où ma mère a appris à lire et à marcher.
Les grands escaliers du Telemly[2] que ma grand-mère montait chaque jour à pied en pensant gaillardement à la minceur de ses hanches,
Et mes dimanches d'hiver parfumés au cumin[3] du couscous familial ;
Enfance de France,
Racines World's bouffe : brick[4], bortsch[5], pot-au-feu et baguettes chinoises.

Un soir à Paris, j'ai rencontré mon ami d'Algérie
Réfugié sans papiers
Un soir au hasard
Tu as dansé pour moi

1. Stupéfaite.
2. Quartier d'Alger.
3. Épice utilisée en cuisine.
4. Galette salée consommée dans les pays du Maghreb.
5. Plat populaire russe à base de choux et de betteraves.

Encore une fois.
On a trinqué sans pleurer
À toutes nos nuits adolescentes
Dans cette ville de province universitaire.

À ce bar de nuit qui nous avait
claqué son carreau carré noir
grillagé d'élite[6] et de peur à la vue
de ta belle gueule de Kabyle[7] hilare.

Et toutes ces heures
Tu roulais des hanches
À damner les mains des femmes.

Masculin-Féminin :
Une nuit de Ramadan
Dans ta piaule[8] de la Cité U[9]
Cercle d'amis
Sur le tapis
Autour de la théière argentée
Qui va et vole
Effilant[10] le liquide parfumé.

La porte s'est forcée
Sur d'autres d'Algérie
Qui venaient t'engueuler
Regards baissés
Pour ne pas nous voir,
Nous, les filles.

Les sonorités âpres de cette langue
Que je ne connais pas

6. Classe sociale supérieure.
7. Originaire de Kabylie, partie de l'Atlas algérien.
8. Chambre *(argotique)*.
9. Cité universitaire où logent les étudiants.
10. Laissant sortir lentement.

Claquent dans la nuit. Dans ta chambre
Intrusion
Brutale
D'une religion
Au cours d'une réunion
Amicale.

Moi je dis :
Les mystères de l'ultime
Au fond de soi
Chacun ses choix.

Tu, moi, elle :
La balance intime
De tous ces grands « pourquoi », avec ou
Sans foi.
Ne vous regarde pas.

Tu, moi, elle :
Tue-moi, si tu crois ?!

En pleine confusion
Intrusion
Brutale
Aujourd'hui
Souvent fatale
Armée ou religion
Dans ton pays
Ami.

Le goût des marles[1] :
Que plus jamais un père n'ait à expliquer

1. Homme rusé, malin, fort, synonyme de *mariolle*.

À son petit de 3 ans
Les amis soudain absents.
Le choix des armes :
On a parlé longuement
De cet homme qu'il a fallu tuer…

Les mots :
Mon ami, mon frère,
Parti en errance sur cette terre de France
Fuir
La langue unique.
Le choix des mots :
Arabe, berbère, français.

On veut t'amputer
Signer
Au bas d'un papier, pour enseigner
T'obliger
À mutiler tes mots.

La liberté :
Loin des laveurs de têtes
Des gaveurs de têtes
Des sauveurs de têtes
Des coupeurs de têtes
Têtes de…
Viens, chante et danse,
Viens, pour moi, rouler tes hanches
À damner les mains des femmes.

In *Anthologie du slam*, © Seghers, 2002.

6. Abd Al Malik
« Saigne »

Élision et apocope

L'**élision** est la suppression d'une voyelle à la fin d'un mot devant une autre voyelle. Par exemple, *tu as* devient *t'as*. L'**apocope** est la chute d'une ou plusieurs syllabes d'un mot. Ainsi, *automobile* devient *auto*. Propres au langage parlé, ces deux effets sonores peuvent être utilisés en poésie.

Derrière le statut[1], le vêtement, la couleur de peau, n'est-ce pas qu'on est tous semblables ?
Les mêmes préoccupations : qui suis-je, où vais-je, que n'ai-je, m'aime-t-il, m'aime-t-elle ?

C'est pas exagéré de dire que je suis mort.
J'suis allongé là à même le sol et j'me demande encore
Pourquoi ne m'aimaient-ils pas ? Pourquoi est-ce qu'ils me regardaient tous comme ça ?
Les policiers diront que le coup est parti tout seul, que j'me débattais, quoi.
C'était censé[2] être un simple contrôle parce que sur la route j'roulais un peu trop vite,
Mais j'étais habitué à c'tempo[3] d'vie et puis j'pensais à ma fille.
J'lui avais dit à c'garagiste que si j'roulais sans plaque[4] j'allais avoir des blêmes[5].
Il m'a dit : « Vous êtes parano m'sieur, j'vous arrangerai ça d'main, y aura plus d'problème ».
Et moi, et moi j'l'ai cru avec ma tête de Noir, de cas social.
C'est dingue quand même : mon pays d'origine j'le connais même pas et franchement :
Je pense, je parle, je rêve, je respire en français,
En français je pleure, je ris, je crie, je [saigne].

Derrière le statut, le vêtement, la couleur de peau, n'est-ce pas qu'on est semblables, tous [saignent]

1. La condition sociale.
2. Supposé.
3. Rythme.
4. Plaque d'immatriculation, obligatoire sur toute voiture.
5. Problèmes.

Les mêmes préoccupations : qui suis-je, où vais-je, que n'ai-je, m'aime-t-il, m'aime-t-elle ? [saigne]
Pour ce pays comme ceux et celles qu'ont fait la guerre,
Comme ceux et celles qui ne savent pas dire « je t'aime », je [saigne].

Quand il est arrivé avec sa belle caisse[6]
Je m'suis dit encore un de ces nègres qui va m'prendre la tête.
Mais il était – j'dois dire – plutôt courtois[7],
Même franchement carrément sympa.
Je m'suis dit qu'c'était bête d'penser comme ça,
Parce que c'type il avait pas fait d'histoires, il était juste comme moi,
Un simple passager de l'Orient-Express[8] du destin
Sauf qu'il était Noir, mais ça, ça enlevait rien.
J'ai même fait mon travail avec plaisir.
Faut dire qu'c'est rare les clients prévenants[9], en plus qui vous font rire.
J'lui ai dit d'repasser le lendemain pour lui visser sa plaque
Mais il voulait absolument partir de suite voir sa fille j'crois, ils sont très famille les blacks vous savez.
Vous comprendrez que ça m'a foutu un coup
Quand j'ai appris qu'le mec il était mort sur le coup.
J'suis sans doute la dernière personne à avoir ri avec lui, à avoir été cool avec lui avant qu'il ne [saigne].

Derrière le statut, le vêtement, la couleur de peau, n'est-ce pas qu'on est semblables, tous [saignent]
Les mêmes préoccupations : qui suis-je, où vais-je, que n'ai-je, m'aime-t-il, m'aime-t-elle ? [saigne]

6. Voiture.
7. Poli.
8. Célèbre train qui reliait Paris à Istanbul en passant par Venise et Vienne.
9. Gentils.

Pour ce pays comme ceux et celles qu'ont fait la guerre
Comme ceux et celles qui ne savent pas dire « je t'aime »,
je [saigne].

Déjà quand j'étais aux Antilles ça m'saoulait[1] grave d'voir ces Noirs et ces Arabes qui foutaient la merde, quoi.
Mais c'est pas pour ça qu'j'ai voulu être flic, c'était une vocation j'crois.
La Métropole c'est spécial mais j'm'y suis vite fait.
Un bon flic c'est obligé, ça doit s'adapter.
J'ai fait pas mal d'arrestations, des mecs méchants et vraiment dangereux.
Mais l'plus étonnant c'est qu'c'est à nous qu'le civil[2] en veut.
Bon c'est vrai qu'y a des collègues qui sont pas cools,
Mais c'est comme partout, t'as des gens biens et des fous.
Mais ça, va l'expliquer à c'gars dans cette belle voiture
Qui roule comme un dingue parce qu'il doit l'avoir volé en plus.
Il s'est arrêté brusquement, bizarrement alors j'l'ai pris en joue
Et mon collègue qu'arrêtait pas d'me dire qu'il voulait s'faire du bougnoule[3]
Alors ça plus toute la tension, la violence qui règne autour de nous,
J'me suis dit qu'j'avais jamais tiré en vrai quand
(tir d'un pistolet)

Derrière le statut, le vêtement, la couleur de peau, n'est-ce pas qu'on est semblables, tous [saignent]
Les mêmes préoccupations : qui suis-je, où vais-je, que n'ai-je, m'aime-t-il, m'aime-t-elle ? [saigne]

1. M'énervait.
2. Personne qui n'est pas militaire.
3. Arabe *(péjoratif)*.

Pour ce pays comme ceux et celles qu'ont fait la guerre
Comme ceux et celles qui ne savent pas dire « je t'aime »,
je [saigne].

Ce morceau est dédié à San
qui est parti l'année
dernière victime d'une bavure[4] !
Je dédie ce morceau aussi
à tous les ghetthos[5] martyrs de mon quartier.

Paroles : R. Fayette-Mikano, Louis Aragon.
Musique : A. Fayette-Mikano, J. Ferrat.
Arrangements : R. Ceccarelli ;

4. Erreur grave commise lors d'une opération policière.
5. Lieux où une communauté vit en marge.

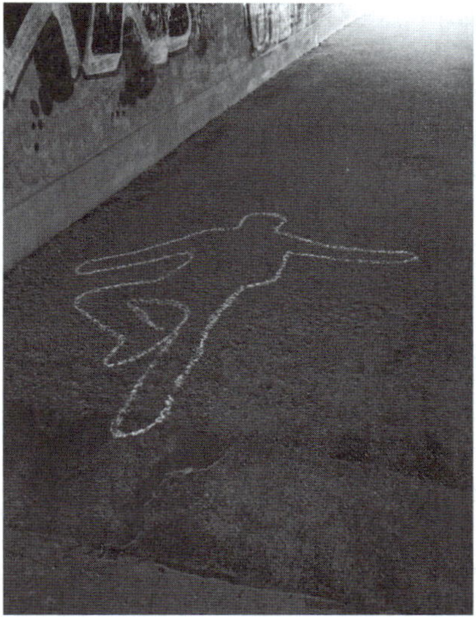

7. Sissy B
« T'as tes papiers ? »

T'as tes papiers, t'as tes papiers ?

– Des papiers pour quoi faire ?
Ai-je besoin de papiers pour retrousser mes manches
T'aider à rebâtir
Nettoyer tes ordures et pousser la brouette
Travailler à la chaîne dans les usines aveugles.

T'as tes papiers, t'as tes papiers ?

– Des papiers pour quoi faire ?
Ai-je besoin de papiers pour aimer ton pays
Comme une autre patrie
Pour lui faire des enfants, féconder[1] l'avenir
De nos deux sangs mêlés.

T'as tes papiers, t'as tes papiers ?

– Des papiers pour quoi faire ?
Ai-je besoin de papiers pour que tu sois mon frère
Dans un monde libertaire[2]
Pour vivre dans la lumière ?
Mon corps comme le tien
Nu au soleil brûlant de la fraternité.

T'as tes papiers, t'as tes papiers ?

– Des papiers pour quoi faire ?
Ai-je besoin de papiers pour inventer un monde

1. Rendre fertile, riche.
2. Sans règles ni lois.

Libre d'asservissement[3] ?
Pour travailler, aimer, dormir, rêver peut-être
Et vivre à tes côtés ?

T'as tes papiers, t'as tes papiers ?

– Des papiers pour quoi faire ?
Ai-je besoin de papiers pour montrer patte blanche ?
Suis-je si différent ?
Peut-être une nuance de peau qui nous complète
Toi et moi enlacés sur l'échiquier du monde.
– Non, je n'ai pas mes papiers…

© Sissy B, D.R.

3. Esclavage.

8. Lalinea
« Enfants de la brique »

Enfants d'la brique Martèle[1] en tête
Parents sans fric Martèle en tête
École à risques Martèle en tête
Encore une clique[2] qui s'prend une gicle[3]
Au goût amer d'une terre normée[4]
Au goût acide d'une terre privée

Enfant d'la brique
J'ai six ans je suis en CP
J'viens d'une banlieue
Un peu cachée
Un peu méprisée
Un peu retirée
Je suis au CP je dois savoir lire
J'ai une recette
Pour apprendre à lire il faut :
Du calme, du soutien, de l'espoir, et du temps
On mélange et on est lecteur
Dans ma classe on est trente
Trente en veulent
Dix ont besoin d'une tutelle[5]
Dix ont besoin d'une échelle
Dix roulent sans manivelle
Ma maîtresse a l'don d'ubiquité[6]
Elle sait faire la courte-échelle[7]

1. Jeu de mot entre le verbe *marteler* (« frapper avec un marteau ») et l'expression *se mettre martel en tête* (« avoir de gros soucis »).
2. Un groupe de personnes.
3. Qui échoue.
4. Qui obéit à des règles strictes.
5. Aide.
6. D'être partout à la fois.
7. Aider à monter.

Et même grimper sur la tour Eiffel
Pourtant les ingrédients sont périmés[8]
Alors je suis allée au marché
Mais j'ai rien trouvé

Je suis rentrée effondrée
Maman je ne saurais jamais lire
À son tour la maman s'effondre
Elle pensait qu'l'école
Rendrait la vie plus belle

Enfants d'la brique Martèle en tête
Parents sans fric Martèle en tête
École à risques Martèle en tête
Encore une clique qui s'prend une gicle
Au goût amer d'une terre normée
Au goût acide d'une terre privée

Enfant d'la brique
J'ai 12 ans je suis en CM2
J'viens d'une banlieue
Un peu cachée
Un peu méprisée
Un peu retirée
J'sais lire vite fait J'me débrouille
J'sais écrire vite fait J'me débrouille
La classe m'embrouille y'en a toujours plusieurs pour guignoler[9] la classe
C'est pas mon rôle d'éviter qu'une classe de trente tourne en jeux d'rôles

8. Ne sont plus valables.
9. Perturber.

Moi c'que j'voudrais c'est apprendre à nager le crawl
Moi c'que j'voudrais c'est qu'ma mère ne court pas d'taf en taf[1]
Moi c'que j'voudrais c'est qu'mon père court pas après l'taf
Moi c'que j'voudrais c'est qu'nos rideaux soient pas déchirés, qu'nos cages d'escaliers soient nettoyées, qu'les pannes d'électricité et d'chauffage durent moins d'une semaine
Moi c'que je voudrais c'est qu'ma mère arrête ses pleurs quand j'ai un mot rouge dans mon cahier rouge
Moi c'que j'voudrais c'est qu'on écoute nos peurs nos douleurs et nos bonheurs
Moi c'que j'voudrais c'est avoir l'impression d'exister en dehors d'mon quartier
Moi c'que j'voudrais c'est qu'on ouvre vraiment les portes de la France et pas juste pour faire pénitence[2]

Alors peut-être qu'après
J'dirais moins que j'm'en fiche
Et j'pourrais apprendre la vie de Napoléon, le siècle des Lumières
À l'école ce qui m'parle un peu c'est Picasso et l'Ancien Régime mais pas pour les mêmes énigmes[3].

1. Travail.
2. Être puni.
3. Mystères.

Pause lecture 2

« Mon conte des Mille et Une Nuits » de C. Mathon p. 26 à 29

Avez-vous bien lu ?

Revoir son ami d'Algérie provoque chez la narratrice :

❏ un sentiment de bonheur.
❏ de la nostalgie.
❏ des regrets.

Une rencontre inattendue

1 Quelles expressions soulignent le caractère imprévu de ces retrouvailles ?

2 Quelles sensations et souvenirs surgissent lors de cette rencontre ? Distinguez ceux qui sont agréables et ceux qui sont négatifs.

3 Faites des recherches sur les contes des *Mille et Une Nuits*. Pourquoi avoir donné ce titre au texte ?

Une histoire tourmentée

4 Que raconte la narratrice sur la situation politique de l'Algérie ? Que dénonce-t-elle ?

5 Qu'est devenu l'ami retrouvé ? À votre avis, que s'est-il passé entre le passé et le présent ?

6 Sur quel procédé repose la dernière strophe ? Quel est l'effet produit ?

« Saigne » d'Abd Al Malik p. 30 à 33

Avez-vous bien lu ?

« Saigne » est un texte :

❏ narratif.
❏ descriptif.
❏ argumentatif.

Un fait divers

1 Reconstituez le fait divers qui se trouve à l'origine du poème.

2 Qui parle ? Retrouvez l'identité des différentes voix narratives qui s'expriment dans les strophes. Que savons-nous de leur histoire ?

3 En quoi ces différents personnages sont-ils de « simple(s) passager(s) de l'Orient-Express du destin » (v. 25) ?

4 Combien de fois le refrain est-il repris ? Quel rôle joue-t-il ?
À quoi sert la dernière strophe ?

Raconter et dénoncer

5 Qu'est-ce qui, à votre avis, est à l'origine du drame ?
Relevez une expression ou une image du texte qui le prouve.

6 Relevez les vers à travers lesquels Abd Al Malik évoque son point de vue.
Quel message délivre ici le poète ?

« T'as tes papiers ? » de Sissy B. et « Enfants de la brique » de Lalinea

p. 34 à 38

Avez-vous bien lu ?

Qu'est-ce qui rapproche ces deux textes ?

❑ Des images poétiques.
❑ Un même ton engagé.
❑ Un même désir d'égalité.

Deux voix

1 Qui parle, dans chacun de ces textes ? Vous préciserez l'identité et les principales caractéristiques des différents narrateurs.

2 En vous appuyant sur vos impressions de lecture, dites en quoi ces deux slams sont complémentaires.

« T'as tes papiers ? »

3 Comment ce poème est-il organisé ? Quel est l'effet recherché ?

4 Quel est le mode verbal le plus employé dans ce slam ? Expliquez pourquoi.

« Enfants de la brique »

5 Comment comprenez-vous le titre de ce slam ?
Citez des exemples du texte pour justifier votre réponse.

6 Que reproche la narratrice à l'école des « quartiers défavorisés » ?
Êtes-vous d'accord avec ce point de vue ?

Vers l'expression

Vocabulaire

1. a. À quel niveau de langue appartient le mot *caisse* quand il désigne une voiture ?
b. Trouvez des synonymes à ce mot dans les autres niveaux de langue.
c. Recopiez et complétez le tableau suivant.

Niveau familier	Niveau courant	Niveau soutenu
	Argent	
Baraque		
		Pusillanime

2. Citez des synonymes du mot *racisme* et précisez leurs nuances.

À vous de jouer

Écrivez un devoir de réflexion

Lisez ou relisez la Déclaration des droits de l'enfant de 1958. Quel article vous tient le plus à cœur ? Après avoir réfléchi à vos arguments, inventez un texte, en vers ou en prose, qui débutera par : « Je rêve d'un monde meilleur... ».

Organisez un débat

En quoi l'école peut-elle « rendre la vie plus belle » ? Organisez, au brouillon, vos arguments que vous illustrerez d'exemples tirés de vos lectures ou de votre vie quotidienne. À l'oral, mettez en commun vos réponses, confrontez et discutez vos points de vue.

Du texte à l'image

Observez le document → voir dossier images p. II

Guillaume Apollinaire (1880-1918),
Calligrammes, © Gallimard, 1918.

1. Cette illustration est un calligramme. Donnez la définition de ce mot. Que représente-t-il ?
2. Qui en est l'auteur ? Cherchez des renseignements sur ce poète.
3. Avec quoi le dessin est-il composé ?
4. Lisez le texte. À quel(s) événement(s) historique(s) fait-il référence ? À quels personnages ?
5. À votre avis, quel message Guillaume Apollinaire a-t-il voulu faire passer au lecteur à travers ce calligramme ?

9. GRAND CORPS MALADE
« Chercheur de phrases »

Lui il a traversé tout le pays pour atteindre le Grand Ouest
Équipé d'un vieux fute[1], d'un gros sac et d'une veste
Il se prend pour un aventurier, à raison ou à tort
Il est parmi tant d'autres un simple chercheur d'or
Il retourne toutes les rivières en secouant son tamis[2]
Il traque[3] la moindre lueur, il en rêve même la nuit
Il soulève chaque caillou pour voir ce qu'il y a en dessous
Il lui arrive même de chercher jusqu'à s'en rendre saoul
Il ausculte tous les grains de sable pour dénicher la pépite
Il sait prendre son temps, ne jamais aller trop vite
Quand il rentre chez lui, je te jure qu'il cherche encore
Ses yeux sont des radars, c'est un vrai chercheur d'or
Ça lui a pris un beau jour en voyant les autres partir
Il s'est dit pourquoi pas moi, je pourrai peut-être m'enrichir
Et puis parcourir le monde avec son sac à dos
C'est peut-être au bout du compte le plus beau des cadeaux
Quand il trouve un peu d'or, pour lui plus rien n'existe
Il ne voit plus, n'entend plus, il est comme un autiste[4]
Alors il en veut plus, il chercherait jusqu'à sa mort
Il est parmi tant d'autres un simple chercheur d'or

Moi j'ai traversé toute la pièce pour atteindre mon petit bureau
Équipé de ma main droite, une feuille et un stylo
Je me prends pour un poète, p't'être un vrai, p't'être un naze[5]
Je suis parmi tant d'autres un simple chercheur de phrases

1. Pantalon *(argotique)*.
2. Instrument utilisé par les chercheurs d'or pour isoler les pépites.
3. Cherche avec ardeur.
4. Replié sur lui-même, sans relations avec le monde extérieur.
5. Mauvais.

Je retourne toutes les phrases en secouant mon esprit
Je traque la moindre rime et j'en rêve même la nuit
Je soulève chaque syllabe pour voir ce qu'il y a en dessous
Il m'arrive même de chercher jusqu'à m'en rendre saoul
J'ausculte tous les mots pour dénicher la bonne terminaison
Je sais prendre mon temps, la patience guide ma raison
Même quand je sors de chez moi, je profite de la moindre occaz[6]
Pour pécho[7] de l'inspiration, j'suis un chercheur de phrases
Ça m'a pris petit à petit en voyant les autres écrire
J'me suis dit poser mes textes, ça pourrait me faire plaisir
Et puis trouver le bon mot et le mettre à la bonne place
C'est peut-être ça le plus kiffant[8], la bonne rime efficace
Quand je trouve une bonne phrase, pour moi plus rien n'existe
Je ne vois plus, n'entend plus, je suis comme un autiste
Alors j'en veux plus, je veux qu'on se souvienne de mon blaze[9]
Je suis parmi tant d'autres, un simple chercheur de phrases

Son Grand Ouest, c'est mon petit bureau, t'as vu le parallèle frérot
Et si tu pars à Lille, t'es zéro, car ça se passe là dans ton petit bistrot
Moi je fais le pari que tu te tapes des barres[10] dans tous les bars de Paris
Mais si tu ris pas et que tu te barres dans ta barre, oublie mon pari
Car si je viens juste dire des mots, tu peux pas me maudire
Même si je fais ni du Rimbaud[11] ni du Shakespeare[12], j'sais qu'y a pire
Je te jure, respire ! Je pourrais faire du Britney Spears[13]
Te faire kiffer toi-même tu sais que c'est à ça que j'aspire
Moi je veux écrire des tas de phrases et te les sortir avec un bon phrasé

Dire le slam

Le slam repose sur les mots, dits et entendus, mais également sur la voix et le corps du slameur qui est sur scène. Le terme ***flow*** ou *flux* désigne le rythme sur lequel il chante, scande ou déclame son texte. Le **phrasé** est la manière, propre à chaque slameur, de ponctuer et rythmer ses phrases.

6. Occasion.
7. Trouver.
8. Excitant.
9. Nom.
10. Tu ris, tu passes un bon moment.
11. Célèbre poète du XIXe siècle.
12. Auteur anglais très connu (1564-1616), il écrivit des pièces de théâtre (*Roméo et Juliette*, *Macbeth*, *Othello*...).
13. Chanteuse américaine à succès.

Je veux t'envahir de phrases quitte à ce que tu te sentes[1] déphasé
C'est pas avec des jeux de mots que je vais pouvoir dire que je pèse
Encore moins que je vais pouvoir pécho[2] Jennifer Lopez[3]
Mais si tu m'écoutes, c'est déjà une victoire
Et coûte que coûte, je ferai tout pour faire kiffer[4] mon auditoire
Et même si ce texte, c'est pas encore l'extase
T'auras compris le contexte, j'suis un chercheur de phrases.

1. Même si tu te sens...
2. Choper (verlan, voir encadré, p. 13), séduire.
3. Actrice américaine, très belle.
4. Faire plaisir à *(argotique)*.

Grand Corps Malade et John Pucc Chocolat, juin 2005.

10. Albert Pesses
« Poète voyou »

Poète voyant poète voyou
Y a-t-il une différence
Y a-t-il surtout des poètes
Nobles et des ignobles[5]
Grave question débat urgent
Qui mérite discussion

Homère qui courait la Grèce
Rare poète aux yeux éteints[6]
A chanté la gloire des armes
Vanté la colère d'Achille
Et les tribulations[7] d'Ulysse[8]
Il fallait plaire aux rois grecs
Et chaque jour gagner son pain
Homère ni voyou ni voyant
Était un poète courtisan

Son espèce n'a pas manqué
Des troubadours aux trouvères[9]
Chansons de gestes[10] lais[11] et romans
Toujours en l'honneur des puissants
Ainsi Roland à Roncevaux
Sonnant du cor à perdre haleine
Le roi Arthur la reine Guenièvre
Lancelot du Lac Tristan Iseult[12]
Amours combats et trahisons

Le poète voyant

Dans sa « Lettre du voyant » (1871), Rimbaud se définit comme un « poète voyant » qui veut distinguer le sens caché des choses et le dévoile aux hommes.

5. Infâmes, odieux.
6. Homère, auteur de *l'Iliade* et *l'Odyssée*, était aveugle.
7. Voyages.
8. Achille et Ulysse sont les héros de l'*Iliade* qui raconte la guerre de Troie et de l'*Odyssée*, récit du retour d'Ulysse à Ithaque.
9. Poètes qui allaient de châteaux en châteaux.
10. Récits épiques qui racontent des batailles.
11. Forme poétique au Moyen Âge.
12. Allusions à des romans célèbres du Moyen Âge.

François Villon

Né en 1431, ce poète a été emprisonné pour meurtre et vols. Condamné à mort après une bagarre, il compose la célèbre « Ballade des pendus ». Il aurait obtenu sa grâce, mais il a ensuite disparu.

Blasons de preux[1] à croix de gueules[2]
Le Graal[3] en outre[4] pour mission
Ils meurent de hautes passions
Qui ne connaît pas le vulgaire[5]
Et dans la même tradition
L'auteur du *Cid*[6] celui de *Phèdre*[7]
Pour plaire au roi et la cour

Mais on sait d'autres poètes
Toujours dans le mauvais camp
Voyous forbans[8] mercenaires
Si ce n'est dignes truands[9]
Et s'il a courbé l'échine[10]
Pour s'ôter la corde du cou
On ne dit pas de François Villon
Qu'il était un homme honnête
C'est pourtant notre meilleur poète
Chef de file de poètes brigands
Ils ont violé la loi la langue
Pour leur faire de beaux enfants
Verlaine Bruant Rictus Richepin[11]
Sacrés retrousseurs[12] de langage
Assistés pour ce noble outrage[13]
Des Brassens Perret Renaud[14]
Et pour être plus actuel
Des rappeurs ou des slameurs
Poètes urbains ou des ruelles

En pays de poésie
Les frontières sont indécises
La langue est une pour le poète

1. Chevalier.
2. Rouges.
3. Coupe sacrée qui aurait contenu le sang du Christ, recherché par les chevaliers de la Table ronde.
4. En plus.
5. Les hommes du peuple.
6. Corneille (1606-1684).
7. Racine (1639-1699).
8. Bandits prêts à tout pour de l'argent
9. Gangsters.
10. S'est soumis.
11. Poètes du XIXe et XXe siècles. Le plus connu est Verlaine.
12. Redresseurs.
13. Offense, insulte.
14. Chanteurs.

→ Du texte à l'image p. 25

Carrefour Sèvres-Montparnasse

Jacques Villéglé (né en 1926), collage (3,19 x 8,10 m), Paris, Musée national d'Art moderne – Centre Georges Pompidou.

→ Du texte à l'image p. 43

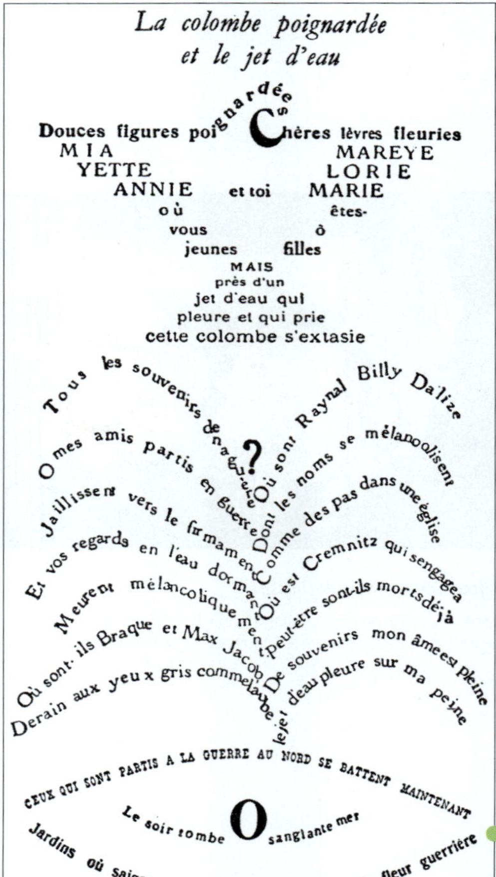

La colombe poignardée
et le jet d'eau

Douces figures poignardées Chères lèvres fleuries
MIA MAREYE
YETTE LORIE
ANNIE et toi MARIE
où êtes-
vous ô
jeunes filles
MAIS
près d'un
jet d'eau qui
pleure et qui prie
cette colombe s'extasie

Tous les souvenirs de naguère
O mes amis partis en guerre
Jaillissent vers le firmament
Et vos regards en l'eau dormant
Meurent mélancoliquement
Où sont-ils Braque et Max Jacob
Derain aux yeux gris comme l'aube
Où sont Raynal Billy Dalize
Dont les noms se mélancolisent
Comme des pas dans une église
Où est Cremnitz qui s'engagea
Peut-être sont-ils morts déjà
De souvenirs mon âme est pleine
Le jet d'eau pleure sur ma peine

CEUX QUI SONT PARTIS A LA GUERRE AU NORD SE BATTENT MAINTENANT
Le soir tombe O sanglante mer
Jardins où saigne abondamment le laurier rose fleur guerrière

Calligrammes

Guillaume Apollinaire (1880-1918),
© Gallimard, 1918.

→ Du texte à l'image p. 58

Créer, c'est résister

Miss.Tic, pochoir sur un mur, Paris.

→ Du texte à l'image p. 71

Fresque murale

Paris.

Et ceux qui ne croient
Qu'en la langue académique[15]
Sont les pires ennemis
De toute vraie poésie
La langue n'a pas de hiérarchie
Et le mot cru ou qui pète
Dût-il sortir des ordures
Vaut les plus élégants
Quand on veut dire son sentiment
Et merdre crie le père Ubu[16]
De grâce pas de dictature
Du mot gras[17] comme du raffiné
Chacun se sert à son idée
Je crois souvent la pensée
Plus vite que le vocabulaire

Poète voyou ou bien voyant
Je ne suis pas si arrogant
Et ne me veux ni l'un ni l'autre
À chaque poète sa demeure
Et le verbe[18] de son chant
Je cherche les miens au cœur des gens
Ceux qui souffrent rient ou pleurent
Et si je suis leur instrument
La voix de leurs sentiments
J'aurai fait mon travail sur terre

Poète voyant poète voyou
Je n'y crois pas tellement
Les uns se veulent oraculaires[19]
Et les autres chenapans[20]

15. Officielle ou soutenue.
16. Ce personnage de théâtre créé par Alfred Jarry se caractérise par un langage grossier. Son mot favori est « merdre ».
17. Vulgaire.
18. La façon de s'exprimer.
19. Paroles d'oracles qui prédisent l'avenir.
20. Bandits.

Armand Coussens (1881-1935), *Portrait d'Arthur Rimbaud* (1854-1891), d'après une photographie de Carjat, Paris, BnF.

Tous se paient de mots[1]
Mais au fond c'est leur boulot
À Isaïe[2] comme à Rimbaud
Habiller notre idiotie
D'un manteau de féerie
Malices et enchantements
Tours de force et tours de piste
Alchimie[3] astrologie
Bouts de ficelle perlimpinpin
Voir le monde à l'envers
Peindre en rouge ce qui est vert
Dixit[4] Baudelaire
Compter deux plus deux égale cinq
Faire la révolution tout seul
Dans un fauteuil
Applaudir les histrions[5]
Bref se comporter comme un con
En toute occasion
Faut rêver rire et rêver
Douter de la réalité
Mais ne jamais douter du rêve
C'est le poète nu comme un ver

Alors poète voyant poète voyou
La question ne vaut pas un clou
Je plains surtout les malvoyants
Je crains surtout les malveillants[6].

In *Anthologie du slam*, © Seghers, 2002.

1. Trompent les gens.
2. Prophète biblique.
3. Science occulte dont l'un des buts est de fabriquer de l'or. Rimbaud parlait de « l'alchimie du verbe » à propos de la poésie.
4. Expression latine qui signifie : « comme l'a dit ».
5. Mauvais comédiens.
6. Personnes qui veulent du mal aux autres.

11. Grand Corps Malade
« Toucher l'instant »

On a trempé notre plume dans notre envie de changer de vision
De prendre une route parallèle, comme une furtive[1] évasion
On a trempé notre plume et est-ce vraiment une hérésie[2]
De se dire qu'on assume et qu'on écrit de la poésie
Il existe paraît-il, un instant dans l'écriture
Qui oublie la page blanche et efface les ratures
Un véritable état second, une espèce de transe[3]
Qui apparaît mystérieusement et s'envole en silence
Que l'on rape ou que l'on slame, on recherche ce moment
Il allume une flamme qui nous éclaire brièvement[4]
Cette flamme est la preuve, laisse-moi t'en faire une démo[5]
Qu'il est possible de combattre le mal par les mots
C'est tout sauf une légende, on espère juste toucher l'instant
Les quelques secondes du poète qui échappent à l'espace-temps
Les moments rares et irréels que la quiétude[6] inonde
Rouda[7], n'oublie jamais notre parole du bout du monde
On ressent comme une coupure dans la vie, comme un rêve
On oublie les coups durs de la vie, comme une trêve[8]
C'est un phénomène puissant, je ne te parle pas d'inspiration
Mais d'un souffle plus profond comme une seconde respiration
On voit et on entend l'encre devenir vivante
On goûte et on sent la saveur d'une rime errante
On touche du doigt l'instant qui nous enveloppe de sa puissance
C'est sans cesse la renaissance de l'essence même de nos cinq sens
C'est le moment où on passe de l'autre côté des paysages

1. Secrète et rapide.
2. Pensée interdite.
3. Extase.
4. Rapidement.
5. Démonstration.
6. Tranquillité.
7. Poète-rappeur-slameur, voir texte 1, p. 12-13.
8. Un arrêt des combats.

On sympathise avec le vent et on tutoie les nuages
Il fait jour en pleine nuit et il fait nuit en plein jour
Profite de cet instant, il ne durera pas toujours
C'est tout sauf une légende, on espère juste toucher l'instant
Les quelques secondes du poète qui échappent à l'espace-temps
Le moment où le voile se lève et la magie s'élance
Là où j'ai croisé Souleymane[9] au bout du sixième silence
Si on n'a pas atteint le Nirvana[10], on doit en être au seuil
Pourtant je suis simplement assis là devant ma feuille
Peut-être que cet instant n'existe que dans mon esprit
Et que je suis complètement mythomane[11] lorsque j'écris
Mais laisse-moi mon stylo, y'a pas moyen que je m'arrête
J'ai une envie d'écrire comme t'as une envie de cigarette
Et pour m'enlever ce désir je te demanderais de repasser
Car tant que je pourrais écrire je continuerai de penser
Que c'est tout sauf une légende, on espère juste toucher l'instant
Les quelques secondes du poète qui échappent à l'espace-temps
Les moments que l'on redécouvre, que l'on connaît plus ou moins
Tu l'as déjà touché, Jacky, j'en suis témoin
On a trempé notre plume dans notre envie de changer de vision
De prendre une route parallèle, comme une furtive évasion
On a trempé notre plume et est-ce vraiment une hérésie
De se dire qu'on assume et qu'on écrit de la poésie.

9. Rappeur.
10. État de sérénité suprême.
11. Personne qui raconte des histoires invraisemblables.

Pause lecture 3

« Chercheur de phrases » de Grand Corps Malade p. 44 à 46

Avez-vous bien lu ?

Grand Corps malade compare le slameur à :

❑ un explorateur.
❑ un chercheur d'or.
❑ un aventurier des temps modernes.

L'aventure poétique

1 Dans chaque strophe, quels sont les pronoms personnels utilisés ? Précisez qui parle ? de qui ? à qui ?

2 Observez les premiers mots des strophes 1 et 2. Que remarquez-vous ?

3 Qu'est-ce qui différencie le « chercheur d'or » du « chercheur de phrases » ? Qu'est-ce qui les rapproche ?

L'émotion partagée

4 Quels sentiments et émotions ressent le « chercheur de phrases » au cours de sa quête ?

5 Dans la troisième strophe, quels noms le slameur cite-t-il ? Expliquez pour chacun d'eux ce que Grand Corps Malade veut dire.

6 À partir de l'expérience racontée par le slameur à la fin du texte, dites comment faire pour rédiger un slam efficace. Le slameur est-il ici tout à fait content de lui ?

« Poète voyou » de Pesses p. 47 à 51

Avez-vous bien lu ?

Pour Albert Pesses, les poètes sont :

❏ des voyous.

❏ des voyants.

❏ des hommes ordinaires.

La poésie en héritage

1 Faites la liste des poètes « classiques » et des œuvres auxquels le slameur fait référence et précisez leur époque. Que remarquez-vous ?

2 Que reproche le slameur à certains poètes dans les strophes 2 et 3 ? Pour lui, qui sont les vrais poètes (strophe 4) ?

Du voyou au voyant

3 « La langue n'a pas de hiérarchie » (v. 58). Expliquez cette expression en relisant la strophe 5.

4 Où le slameur trouve-t-il son inspiration (strophe 6) ? Quel mot cite-t-il en exemple ?

5 Quelle idée Albert Pesses se fait-il de la « vraie poésie » (strophe 7) ? À quoi sert-elle, selon lui ?

« Toucher l'instant » de Grand Corps Malade p. 52-53

Avez-vous bien lu ?

L'instant dont parle ici le poète est un instant :

❏ de communion.
❏ de magie.
❏ de plaisir.

La poésie à l'œuvre

1 Quel distique (groupe de 2 vers) est répété trois fois ? Expliquez ce qu'espère le slameur.

2 Dans quelle situation se trouve le poète ? Que s'apprête-t-il à faire ? Quelle est cette « flamme » (v. 10) qu'il allume ?

3 Qui est désigné ici par le pronom personnel *on* (vers 1 et suivants) ? Quels slameurs sont cités par Grand Corps Malade ?

Magie et poésie

4 Cherchez toutes les expressions par lesquelles le slameur explique *toucher l'instant* (v. 17 à 22) ? Montrez que tous les sens sont concernés.

5 « On voit et on entend l'encre devenir vivante » (v. 21). En quoi le slam correspond-il bien à cette affirmation ?

6 Grand Corps Malade dit qu'il est possible de « combattre le mal par les mots » (v. 12) ? En vous appuyant sur les slams que vous avez lus, précisez le mal ou les maux contre lesquels luttent les slameurs.

Vers l'expression

Vocabulaire

1. « Moi je fais le pari que tu te tapes des barres dans tous les bars de Paris
Mais si tu ris pas et que tu te barres dans ta barre, oublie mon pari »
(« Chercheur de phrases, v. 43-44, p. 45).
a. Relevez les homonymes dans ces deux vers.
b. Donnez un synonyme pour chacun d'eux.
c. Quel est l'effet recherché par le slameur ?

2. Dans « Poète voyou », Albert Pesses fait allusion aux lais (v. 18, p. 47).
Le mot *lai* désigne une forme poétique très fréquente au Moyen Âge.
a. Trouvez les homonymes de ce mot en vous aidant de ces définitions :

Contraire de *beau*	....
Liquide blanc apprécié des bébés	....
Femelle du sanglier	....
Pronom personnel ou article défini	....

b. Composez un court texte avec le plus d'homonymes de *lai* possibles.

À vous de jouer

À partir des idées exprimées dans les trois textes, rédigez un « mode d'emploi » pour écrire un slam. Vous pouvez employer des verbes à l'infinitif, complétés par des expressions puisées dans les textes. Vous pouvez également consulter la rubrique « Tous poètes ! » p. 78-79.

Du texte à l'image

Observez le document → voir dossier images p. III

Miss.Tic, *Créer, c'est résister*, pochoir sur un mur, Paris.

1. Comment est construite cette œuvre ?
   En quoi les deux parties sont-elles à la fois proches et différentes ?
2. Dans quelle attitude la jeune femme est-elle représentée ?
   Qualifiez par deux ou trois adjectifs l'expression de son visage.
   En quoi le nom de l'artiste est-il un jeu de mots ?
3. Proverbe, maxime, sentence, slogan ? Après avoir vérifié le sens de ces quatre mots, dites de quelle nature est le texte qui accompagne le dessin.
4. Êtes-vous d'accord avec le message de Miss.Tic ? Vous justifierez votre réponse à l'aide d'au moins un exemple, tiré du recueil ou de vos lectures.

12. Grand Corps Malade
« Midi 20 »

Je suis né tôt ce matin, juste avant que le soleil comprenne
Qu'il va falloir qu'il se lève et qu'il prenne son petit crème[1]
Je suis né tôt ce matin, entouré de plein de gens bien
Qui me regardent un peu chelou[2] et qui m'appellent Fabien
Quand le soleil apparaît j'essaie de réaliser ce qui se passe
Je tente de comprendre le temps et j'analyse mon espace
Il est 7 heures du mat' sur l'horloge de mon existence
Je regarde la petite aiguille et j'imagine son importance
Pas de temps à perdre ce matin, je commence par l'alphabet
Y'a plein de choses à apprendre si tu veux pas finir tebê[3]
C'est sûr, je serais pas un génie mais ça va y'a pire
Sur les coups de 7 heures et demie j'ai appris à lire et à écrire
La journée commence bien, il fait beau et je suis content
Je reçois plein d'affection et je comprends que c'est important
Il est bientôt 9 heures et demie et j'aborde l'adolescence
En pleine forme, plein d'envie et juste ce qu'il faut d'insouciance
Je commence à me la raconter[4], j'ai plein de potes et je me sens fort
Je garde un peu de temps pour les meufs[5] quand je suis pas en train de faire du sport
Emploi du temps bien rempli, et je suis à la bourre[6] pour mes rencards[7]
Putain la vie passe trop vite, il est déjà 11 heures moins le quart
Celui qui veut me viser, je lui conseille de changer de cible
Me toucher est impossible, à 11 heures je me sens invincible

1. Café au lait.
2. Bizarrement.
3. Bête, idiot.
4. Prendre de l'assurance.
5. Filles.
6. Je suis en retard.
7. Rendez-vous.

Il fait chaud, tout me sourit, il manquait plus que je sois amoureux
C'est arrivé sans prévenir sur les coups d'11 heures moins 2
Mais tout à coup, alors que dans le ciel, y'avait pas un seul nuage
A éclaté au-dessus de moi un intolérable orage
Il est 11 heures 08 quand ma journée prend un virage
Pour le moins inattendu alors je tourne mais j'ai la rage
Je me suis pris un éclair comme un coup d'électricité
Je me suis relevé mais j'ai laissé un peu de mobilité
Mes tablettes de chocolat[1] sont devenues de la marmelade
Je me suis fait à tout ça, appelez-moi Grand Corps Malade
Cette fin de matinée est tout sauf une récréation
À 11 heures 20 je dois faire preuve d'une bonne dose d'adaptation
Je passe beaucoup moins de temps à me balader rue de la Rép'
Et j'apprends à remplir les papiers de la Cotorep[2]
J'ai pas que des séquelles physiques, je vais pas faire le tho-my[3]
Mais y'a des cicatrices plus profondes qu'une trachéotomie[4]
J'ai eu de la chance je suis pas passé très loin de l'échec et mat[5]
Mais j'avoue que j'ai encore souvent la nostalgie de 10 heures du mat'
À midi moins le quart, j'ai pris mon stylo bleu foncé
J'ai compris que lui et ma béquille pouvaient me faire avancer
J'ai posé des mots sur tout ce que j'avais dans le bide[6]
J'ai posé des mots et j'ai fait plus que combler[7] le vide
J'ai été bien accueilli dans le cercle des poètes du bitume
Et dans l'obscurité, j'avance au clair de ma plume
J'ai assommé ma pudeur, j'ai assumé mes ardeurs
Et j'ai slamé mes joies, mes peines, mes envies et mes erreurs
Il est midi 19 à l'heure où j'écris ce con d'texte
Je vous ai décrit ma matinée pour que vous sachiez le contexte

1. Muscles abdominaux.
2. Organisme qui gère les problèmes liés au handicap.
3. Mythomane ou personne qui s'invente des histoires.
4. Opération chirurgicale qui permet de faire passer un tube au niveau du larynx pour permettre la respiration.
5. La mort.
6. Ventre.
7. Remplir.

Car si la journée finit à minuit, il me reste quand même pas mal de temps
J'ai encore tout l'après-midi pour faire des trucs importants
C'est vrai que la vie est rarement un roman en 18 tomes
Toutes les bonnes choses ont une fin, on ne repousse pas l'ultimatum[8]
Alors je vais profiter de tous les moments qui me séparent de la chute
Je vais croquer dans chaque instant, je ne dois pas perdre une minute
Il me reste tellement de choses à faire que j'en ai presque le vertige
Je voudrais être encore un enfant mais j'ai déjà 28 pijes[9]
Alors je vais faire ce qu'il faut pour que mes espoirs ne restent pas vains[10]
D'ailleurs je vous laisse, là c'est chaud[11], il est déjà midi 20.

8. La fin imposée.
9. Ans
10. Inutiles.
11. Urgent.

Allégorie de la mort et du destin, XXe siècle.

Street art

Cet art urbain englobe diverses techniques : le graffiti, le pochoir, la mosaïque, les stickers, l'affichage, le détournement publicitaire, l'animation (montages vidéo à partir d'images ou photos prises dans la rue)... Les œuvres sont éphémères et spontanées.

13. Éva M.

« Poésie Graffiti »

Poésie… La Boétie[1] ? Poésie… Le graffiti, aussi !
Quelques syllabes mono sans oripeaux[2], c'est vrai, je… balbutie[3].
Je compose en prose, loin des virtuoses, je ne taille pas mes mots au cordeau[4].
Pureté académique, c'est zéro ! Mais côté électrique, c'est cadeau !
Au bout de mon stylo, le classique ou le beau a comme un goût de street art au kilo.

Cité HLM, j'annonce la couleur ou le thème. Le trafic des mots, la banlieue en poèmes !
De l'urbain émerge un cri de bohème[5].
Tout simplement en haut d'une tour, entendre la voix du troubadour[6].
Je n'ai pas de beaux atours[7], ni ne sais faire de grands discours.
Mais je démarre au quart de tour quand il s'agit de s'échapper des… contours.

Ne me demandez pas de commenter les brèves[8].
Habité par les rêves, mon cerveau est en grève.
C'est systématique comme le chômage est endémique[9].
Je suis dans le basique, l'esthétique à l'acide caustique[10],
Souffle d'une vie parfois chaotique.

Quand tout me fâche, je me détache, je clashe[11], je crache, c'est trash[12] ! Je me scratche[13].
Ne sois pas lâche, évite un splash[14] !
Courage, reprends ta tâche.

1. Écrivain de la Renaissance (1530-1563).
2. Vieux habits.
3. Je bafouille.
4. Corde servant à couper en ligne droite.
5. Artiste qui vit en marge de la société.
6. Voir note 9, p. 47.
7. Vêtements.
8. Faits divers.
9. Persistant.
10. Mordant.
11. *(Anglicisme)* Entre en conflit.
12. Nul.
13. Je tombe.
14. Onomatopée pour le bruit d'un plongeon.

Manier la plume avec minutie[15] ou bien écrire avec frénésie[16] ?
Entre le nectar[17] ou l'ambroisie[18], c'est fifty, fifty[19] !
Poésie urbaine aux couleurs graffiti,
Dans le plomb du ciel tombe des cristaux.
Éclats de métaux pour sortir de l'étau[20].

Du freestyle[21] en haut débit, telle est mon ecstasy[22]
Étrange mélange de blabla, de clap-trap[23] qui me donne la patate[24] et tous ces patati[25].
Des mots à la pelle : des petits et des proscrits[26].
Des mots à la benne[27] : des gros et des costauds sans l'ombre d'une mise en pli.
Et tout ceci, pas forcément férocement en ordre, plutôt même, méli-mélo.

Des mots en équipée and co plutôt qu'en solo.
Un goût de street art au kilo.
Au cœur de la cité, la liberté est au bout du stylo.

© Éva M.

15. Précision.
16. Emportement.
17. Boissons des dieux antiques.
18. Nourriture des dieux.
19. C'est moitié, moitié !
20. Appareil qui sert à maintenir en place un objet qu'un artisan veut travailler.
21. Improvisation.
22. Ma drogue hallucinogène.
23. Charabia ou langue incompréhensible.
24. Met en forme.
25. Bavardages.
26. Interdits.
27. Caisse de chargement.

14. Catherine Mathon
« Les gestes d'amour »

Quand on s'balade dans la vie, on croise pas mal de gens, et les plus handicapés ne sont pas nécessairement ceux qu'on croit.

Comment
Donner des caresses
Quand les mains ne savent pas ?

Comment
Chanter sa tendresse
Quand la bouche ne bouge pas ?

Comment
D'un regard dire
L'Amour que l'on n'a pas su nous dire
Ou que l'on n'a pas eu ?

Il y a tant de gorges serrées
Sur ces mots rentrés
Des gestes ébauchés[1]/avortés/figés

Il faut du courage et du temps
À tous ces temps
Empêtrés dans la maladresse
Ou dans la tristesse
De coups reçus
Ou de baisers tus
Il faut beaucoup de courage et de temps
Pour pardonner à ceux qui n'ont pas pu

1. À peine commencés.

Il faut beaucoup de courage et d'imagination
À ceux qui doivent inventer
Le verbe AIMER

In *Anthologie du slam*, © Seghers, 2002.

Graffiti de Shakyamuni, slameur, Paris.

15. Éva M.

« Ça roule, ça tangue, ça slame »

Le Bateau ivre

C'est le titre d'un célèbre poème de Rimbaud composé en 1871. Le poète y compare son expérience créatrice à un navire qui vogue, seul, dans des contrées inconnues et étranges. Le bateau, pris dans la tempête, finit par couler.

Ça roule, ça tangue[1], ça slame ! Un bateau ivre sur mes états d'âme.
Les émotions coulent à flot sous l'encre marine, bleu des profondeurs et des abysses[2] intimes.
Pourquoi percer le mystère de l'être ? À bord de mon navire, je reste le maître.

Ça roule, ça tangue, ça slame ! J'ai peur de terminer à la rame.
J'ai mis les voiles, voiles dont la toile est fine. Les vents de force 4 soufflent à plein régime.
Mais mon mât est en bois de hêtre et les incertitudes, je les envoie paître[3].

Ça roule, ça tangue, ça slame ! Contre vents et marées, le stylo est mon arme.
La lame de fond peut écraser son juron, sa vermine. Je suis bien arrimée[4] à la rime.
Sur une mer déchaînée ondoie[5] mon être. Je suis tranquille attachée à mes lettres.
Ça roule, ça tangue, ça slame ! À fond de cale, je reste très calme.
La boussole peut danser la biguine[6], je ne perds pas le nord, guidée par le courant du Gulf Stream. Et si les mots surfent sur des vagues hautes de dix mètres, dans l'écume ourlée, de mes cendres toujours renaître.

Ça roule, ça tangue, ça slame ! Vous l'avez bien compris, les lests[7] de mon bateau sont les phrases que je clame[8].

1. Penche d'un côté et de l'autre, comme un navire.
2. Gouffres.
3. Je m'en débarrasse.
4. Accrochée.
5. Flotte.
6. Danse antillaise.
7. Poids dont on charge un navire pour lui donner de la stabilité.
8. Crie.

Pause lecture 4

« Midi 20 » de Grand Corps Malade p. 59 à 61

Avez-vous bien lu ?

« Midi 20 » est :

- ❏ un témoignage.
- ❏ une biographie.
- ❏ une autobiographie.

L'horloge de la vie

1. Relevez toutes les indications horaires dans le texte. Que compare le poète ? à quoi ?
2. Lisez la biographie de Grand Corps Malade (p. 6 et 80-82) et retrouvez les principaux événements auxquels le poète fait référence.
3. Quelle « heure » a changé le cours de sa vie ? Comment en parle-t-il ? Quelle figure de style emploie-t-il ?

L'expérience poétique

4. Pourquoi le slameur s'est-il mis à écrire ? Que lui apporte l'écriture ? De quoi parle-t-il dans ses poèmes ?
5. Comment Grand Corps Malade envisage-t-il l'avenir ? Interprétez le dernier vers « D'ailleurs je vous laisse, là c'est chaud, il est déjà midi 20 » (v. 60) ?

« Poésie graffiti » d'Éva M. p. 62-63

Avez-vous bien lu ?

Pour Éva M., la poésie :

- ❑ est pensée et réfléchie.
- ❑ s'inspire des modèles du passé.
- ❑ est un art spontané.

Une poésie des sons

1 Du point de vue des sons, précisez ce qui rapproche « poésie » et « graffiti ».

2 Recopiez le vers 3 et soulignez les sonorités qui se font écho. Que remarquez-vous ? Faites de même pour les vers 4 et 5.

3 Strophe par strophe, examinez le système des rimes dans tout le poème. Quelle est l'organisation choisie par Éva M. ?

Une poésie nouvelle

4 Sur quelles réalités urbaines et sociales l'auteure cherche-t-elle à attirer l'attention de son auditoire dans les strophes 2, 3 et 5 ?

5 Relevez les termes par lesquels Éva M. évoque la poésie « classique » et les termes et expressions par lesquels elle expose son propre projet poétique.

6 Qu'est-ce qu'un graffiti ? À votre avis, quel point commun rapproche le slam du graffiti ?

« Les gestes d'amour » de Catherine Mathon et « Ça roule, ça tangue, ça slame » d'Éva M.

p. 64 à 66

Avez-vous bien lu ?

Éva M. construit son slam sur :

- ❏ une comparaison.
- ❏ une métaphore.
- ❏ une métaphore filée.

Savoir aimer ?

1 Trouvez la structure du slam de Catherine Mathon, en vous appuyant sur les types, les formes de phrases et le système de répétition.

2 Qui sont les « handicapés » dont parle C. Mathon dans la phrase en italique : « les plus handicapés ne sont pas nécessairement ceux qu'on croit » ? À quels obstacles se heurte l'Amour ?

3 Sur quel mot se finit le slam ? Comment est-il écrit ? Comment mettre en relief ce mot à l'oral ?

Un « bateau ivre »

4 Sur quelle image Éva. M. construit-elle son slam ? Relevez tous les mots qui renvoient à cette image en précisant leurs classes grammaticales.

5 « Je suis bien arrimée à la rime » (v. 8). Quelle place occupe ce groupe dans le vers ? Avec quoi rime-t-il ? Retrouvez le même procédé dans d'autres vers. Quel est l'effet produit ?

6 Quels dangers menacent le projet poétique de l'auteure ? Sur quoi s'appuie-t-elle pour en triompher ?

Vers l'expression

Vocabulaire

1. Recopiez et complétez les phrases suivantes avec des mots de la famille de *cité*.

a. L'éducation .... est enseignée par les professeurs d'histoire-géographie.

b. Tous les .... majeurs sont appelés à voter.

c. Il a déposé un dossier pour acquérir la .... belge.

d. En quelle classe étudie-t-on la .... romaine ?

e. Les habitants des villes sont des ....

2. a. Tous les mots suivants désignent des groupes d'habitations. Classez-les par ordre de grandeur, du plus petit au plus grand.

métropole – village – ville – mégalopole – hameau.

b. Pour chacun d'eux, citez un exemple tiré de votre expérience personnelle ou de vos connaissances géographiques.

À vous de jouer

1. Comme Grand Corps Malade dans « Midi 20 », évoquez votre vie passée, présente et future à travers les heures d'une journée.

2. Rédigez un poème dont chaque vers commencera par une des lettres du verbe *aimer*. Vous pouvez l'illustrer ou le présenter sous forme de graffiti.

Du texte à l'image

Observez le document → voir dossier images p. IV

Fresque murale, Paris.

1 De quels éléments cette photographie est-elle composée ? Comment s'organisent les différents plans ?

2 Quelle indication donne le passant sur la fresque ? Montrez qu'il s'oppose à la représentation devant laquelle il passe sans un regard (position, couleurs, activité, tenue...).

3 Que représente la fresque ? Commentez le choix des couleurs. Quelle est l'impression créée par la présence du personnage et par son attitude ?

4 Quel est le message de l'artiste qui a réalisé la fresque ?

Questions sur...

Le slam

1. Une nouvelle poésie

1 De quels poètes disparus certains slameurs se considèrent-ils les héritiers ?

2 Quels slams sont construits autour de figures de styles traditionnelles : comparaison, métaphore, personnification ?

3 Comment un texte de slam est-il dit ? Sur quoi l'artiste insiste-t-il ? Donnez un exemple.

4 Dans ce recueil, quels slams sont composés en vers, en vers libres ou en prose poétique ?

2. Une poésie engagée

5 Parmi les slams de ce recueil, quels sont ceux qui délivrent :

a. un message de tolérance ?

b. de liberté ?

c. de fraternité ?

6 Quels aspects du monde contemporain certains slameurs dénoncent-ils ?

3. Un autre regard sur le monde

7 Quel slam de cette anthologie avez-vous préféré ? Donnez au moins trois raisons pour expliquer votre choix.

8 Sur quel sujet composeriez-vous un slam ? Vous pouvez vous inspirer ou non de la lecture de ce recueil.

9 « Poète voyou », « poète voyant », « chercheur de phrases »... Quel genre de slameur voudriez-vous être ? Racontez en quelques phrases, la façon dont vous aimeriez « toucher l'instant ».

Après la lecture

Genre

Le slam

Thème

Tous poètes !

Le slam

Selon les termes de Pilote le Hot, le slam est l'art de « faire parler sa bouche », c'est-à-dire de dire, chuchoter, murmurer, chantonner, crier ses convictions et ses idées sur une scène ouverte. Il s'agit de se faire entendre, mais également d'apprendre à écouter les autres, à s'apprécier mutuellement en toute tolérance. Sans distinction aucune.

◆ Une poésie nouvelle

Le slam veut **ignorer les règles établies** par l'usage et secoue le poids de la tradition. Il se déclare héritier de Villon (p. 48), Rimbaud (p. 51, 66), plus près de nous, de « Brassens, Perret, Renaud » (p. 48), de tous les poètes et chansonniers en marge de leur époque qui ont bousculé la rime, le vers ou qui les ont détournés.

> *« Le slam secoue le poids de la tradition. »*

À chaque slameur de trouver et de faire apprécier ses choix poétiques. Certains revivifient d'anciennes métaphores (« Poète de gouttière », p. 12) ou explorent les territoires inconnus du langage (« Abribus », p. 15), parfois les deux ensemble (« Ça roule, ça tangue, ça slame », p. 66). Tous les possibles sont ouverts. On peut slamer, au cœur de la cohue urbaine, sur un quai de métro.

◆ Une parole libre

Les nouveaux poètes, « voyants » ou « voyous », désirent parler de tout, et surtout des problèmes qui dérangent : bavures policières (p. 30), difficultés des sans-papiers (p. 34), éducation (p. 36). La parole est donnée à ceux qui, d'habitude, n'ont pas les moyens de se faire entendre. Le slam est **un art socialement engagé**, comme le rap, mais moins polémique, car il est parole particulière, regard personnel posé sur le monde.

◆ Le langage du corps

Dans le slam, la poésie est **un spectacle total et vivant**, qui engage pleinement ceux qui y participent. L'écriture n'est qu'une étape, tout texte de slam est tourné vers la performance. Sur scène, la musique des sons et des mots se fond dans la musique des voix, sans accompagnement musical. Le corps tout entier du slameur contribue à l'impression d'ensemble. Il faut séduire, convaincre, exprimer ses idées **en moins de cinq minutes**.

◆ Des valeurs humanistes

Les slameurs partagent **des valeurs citoyennes** : liberté, solidarité, respect d'autrui et de sa différence, ouverture aux autres cultures. Ils les expriment à haute et intelligible voix. Les propos injurieux, malveillants ou racistes recevraient une sanction immédiate du public, venu partager avant tout un moment de fraternité poétique.

> « *La poésie, un spectacle total et vivant.* »

Pluriethnique, le texte de slam se réclame parfois d'un **métissage musical et culturel** (« Mon conte des Mille et Une Nuits », p. 26).

Au contact d'autrui, on s'enrichit, c'est un des grands principes du slam et ce n'est pas nouveau : Montaigne, au XVIe siècle, conseillait déjà de « frotter sa cervelle contre celle d'autrui »... pour que jaillissent les étincelles. ■

◆ Les principes d'une *slam session*

1	Les rencontres de slam sont ouvertes à tous sans aucune distinction de sexe, d'âge, de religion, d'apparence, de culture.
2	Les slameurs peuvent traiter de n'importe quel sujet, dans n'importe quel style, mais toujours dans le respect de l'autre.
3	Chacun doit prendre soin de s'inscrire auprès du présentateur (et trouver le courage de monter sur scène).
4	Les performances se déroulent *a capella*, c'est-à-dire sans instrument ni musique pré-enregistrée.
5	Nul besoin d'accessoires, de costumes ni de déguisements : la performance repose sur le texte du slameur et sur sa relation avec le public.
6	Chaque passage est limité à un poème de trois à cinq minutes.
7	Un poème dit, un verre offert et des applaudissements pour le poète.

T. Caqué – La Souris à Moustache, affiche de *Slam # 8 - Pop Art Café*, Reims, vendredi 30 Novembre 2007.

Tous poètes !

◆ Pourquoi pas vous ?

Art poétique nouveau, le slam est l'expression d'une émotion ou d'une prise de position pour une cause que le slameur défend et qui lui tient à cœur. Ouvert à tous, il se pratique le plus souvent dans des lieux publics : bars, mini-scènes improvisées, en toute convivialité. C'est un moyen d'expression, de rencontres et d'échanges.

Vous n'êtes ni Baudelaire, ni Rimbaud mais vous aimez les mots et désirez faire passer, à travers eux, vos sentiments et émotions : devenez slameur !

« Un moyen d'expression, de rencontres et d'échanges. »

Il suffit de vous plier à cette forme particulière d'écriture et de déclamation, de laisser agir l'inspiration, de bien choisir vos termes et vos images pour qu'ils reflètent le plus exactement possible ce que vous avez à dire.

◆ Comment écrire un slam ?

Si vous décidez de vous mettre au slam, réfléchissez à un sujet qui vous passionne, que vous maîtrisez ou tout simplement que vous souhaitez aborder, alors que vous n'avez peut-être jamais osé. Vous allez chercher à faire passer un message. Votre message.

Choisissez une cause, qui vous tient à cœur : politique, sociale, morale... Vous pouvez vous exprimer sur les expériences sur les animaux, les banlieues ou le réchauffement de la planète... Si vous êtes convaincu(e), vous serez convaincant(e).

Le slam est une expression artistique. Laissez-vous aller et pratiquez ce que les surréalistes aiment à appeler l'écriture automatique. Posez sur le papier les mots et les images qui vous viennent avant de tenter de les mettre en vers.

Commencez en langage courant. N'essayez pas, dès le premier jet, de

« faire des phrases » dans une langue soutenue, si elles ne vous viennent pas naturellement. Il en est de même pour le langage familier (argot ou verlan) : ne les employez que s'ils vous paraissent nécessaires.
Dans un second temps, remplacez les mots-clés par des images fortes et des termes choisis pour exprimer le plus justement possible ce que vous avez en tête et à cœur, et frapper l'auditoire.
N'hésitez pas à jouer sur les mots, les sonorités, les images. Faites parler vos émotions, elles sont nécessaires à un bon slam. Et laissez le rythme vous emporter, vous guider.
Si vous n'êtes pas sûr(e) de vous, demandez à une personne de confiance de lire votre texte et de vous donner franchement son opinion ; son avis vous aidera à progresser dans la mise en forme de votre slam.

◆ Comment dire votre slam ?

Un slameur est aussi un bon acteur. Le slam n'est pas conçu pour être lu mais pour être vécu et exprimé avec toute la conviction dont vous êtes capable.
Parlez distinctement, articulez.
Donnez du rythme à vos phrases. Par exemple, appuyez sur les mots lourds de sens.
N'hésitez pas à adopter un *flow* (voir p. 45 et 90) chantant par instants et jouez avec votre débit, tantôt lent, tantôt très rapide. Votre slam n'en sera que plus rythmé.

« Le slam est conçu pour être vécu. »

Dites, clamez, déclamez, hurlez votre texte avant de le finaliser.
N'hésitez pas à corriger et recorriger jusqu'à ce que chaque mot, chaque idée aient trouvé sa place.

Bonne chance ! ■

Rencontre avec...

Grand Corps Malade

Fabien Marsaud, alias Grand Corps Malade, est né le 31 juillet 1977, au Blanc-Mesnil, en Seine-Saint-Denis. En juillet 1997, il est victime d'un accident grave, à la suite d'un mauvais plongeon dans une piscine et apprend qu'il ne remarchera pas. En 1999, après un an de rééducation, il retrouve cependant l'usage de ses jambes. C'est en référence à ce handicap – et aussi à sa grande taille (1 m 94) – qu'il a pris le pseudonyme de Grand Corps Malade.

En octobre 2003, alors que le slam a débarqué en France depuis quelques années, il participe à sa première « session » (voir lexique, p. 90-91) sur la scène du Collectif 129H, dans un bar parisien. Par la suite, il crée des ateliers pour initier au slam les jeunes de son quartier. Son ami Petit Nico lui propose de composer l'habillage musical de ses textes. Le 27 mars 2006 sort son premier album *Midi 20* (voir p. 44 à 46, 52 à 53 et 59 à 61).

En 2008, Grand Corps Malade est fait chevalier de l'Ordre des Arts et des Lettres. En 2010, il sort *3ᵉ Temps*, son troisième album. Le disque se classe en troisième position des ventes en France et contient un duo avec Charles Aznavour. L'artiste poursuit sa carrière sur les scènes nationales et internationales.

▸ ***Enfant, avez-vous eu des rapports privilégiés à la poésie ?***

Non, je n'avais pas un goût particulier pour la poésie, même si j'avais de bonnes dispositions pour la retenir et la réciter.

▸ ***Comment êtes-vous « entré en slam » ? Qu'est-ce qui vous a incité à monter sur scène ?***

J'ai commencé le slam après avoir assisté à une scène ouverte dans un petit café. J'ai aimé ce que j'ai entendu : il y avait beaucoup de talents dans une ambiance très chaleureuse et bienveillante. J'ai eu envie de participer à mon tour.
Et là, ce fut un déclic, je me suis mis à beaucoup écrire et à retrouver la noblesse du mot *poésie*. Être un poète... finalement, c'est la classe !

▸ ***Vous souvenez-vous de votre premier poème ?***

Le premier slam que j'ai récité en public s'appelait « Cassiopée ».

▸ ***Le slam a-t-il très vite compté dans votre vie ?***

Oui, le slam a tout de suite pris une place très importante dans mon quotidien. J'avais toujours envie d'écrire et d'aller sur les scènes slam.

▸ ***Quels poètes, chanteurs, slameurs, auteurs, présents ou passés, vous ont inspiré ?***

Ceux qui m'ont certainement le plus influencé sont surtout Renaud, Georges Brassens et des rappeurs comme Oxmo Puccino et Kery James.

▸ ***Que vous a apporté la pratique du slam et que vous apporte-t-elle aujourd'hui ?***

C'est une passion qui est devenue mon métier. C'est un privilège.

▸ ***Depuis vos débuts, comment vos textes ont-ils évolué dans leurs thèmes, dans leur forme ?***

J'essaie de varier les thèmes au maximum et la forme des textes garde au moins un point commun essentiel : j'écris uniquement en vers.

▸ ***Comment avez-vous accueilli la reconnaissance et la célébrité ?***

Avec beaucoup d'émerveillement. J'ai conscience de la chance que j'ai de vivre du slam et de rencontrer beaucoup de gens dans les concerts qui aiment mon travail.
J'essaie que ça ne change pas mes habitudes pour autant... Je pense avoir su garder les pieds sur terre.

▸ ***Comment naît, sous votre plume, un texte de slam ?***

Ça dépend... Par un mot, une expression, une rime ou une envie de raconter une histoire précise.

▸ ***Pouvez-vous nous donner votre définition du slam ?***

C'est le plaisir de partager un texte que l'on a écrit, face à un auditoire.
C'est de la poésie à l'oral.

▸ ***Quels conseils donneriez-vous à un adolescent qui fait ses premiers pas ?***

Il faut aller dire ses textes sur des scènes ouvertes. Il y a de la place pour tout le monde et c'est la meilleure école.

Grand Corps Malade, place de la Rotonde, Paris.

Autres lectures

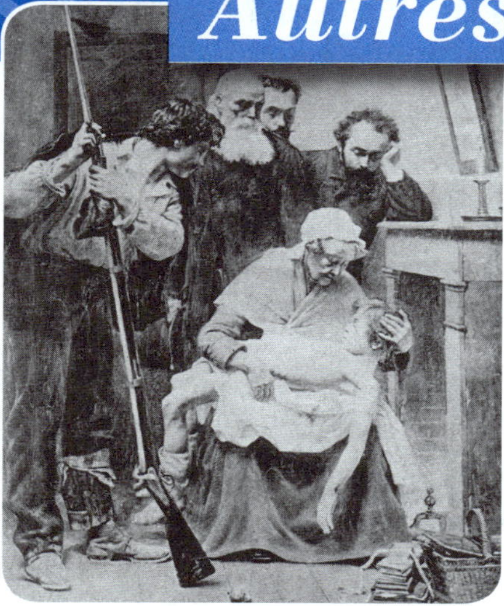

Victor Hugo

Les Châtiments,

« La nuit du 4 »

Nazim Hikmet

« La plus étrange des créatures »

Victor Hugo (1802-1885)

Poète, écrivain, dramaturge, Victor Hugo a traversé le XIXe siècle ; il est considéré comme le chef du mouvement romantique avec, notamment, des recueils poétiques, *Les Contemplations*, *La Légende des siècles* et de grands romans historiques, *Notre-Dame de Paris* ou *Les Misérables*. En 1845, il commence une carrière politique. Élu député en 1848, il critique le coup d'État de Louis-Napoléon et il est obligé de s'exiler durant 18 ans. Il rédige alors *Les Châtiments* (1853), un recueil poétique qui condamne avec force le régime de Napoléon III.

Nazim Hikmet (1901-1963)

Né à Salonique, Nazim Hikmet a été l'un des premiers poètes turcs à s'exprimer en vers libres. Entré au parti communiste turc en 1920, il a été condamné, dans son pays, pour « marxisme, anti-nazisme et anti-franquisme ». Après dix-sept années d'emprisonnement, le poète militant a dû s'exiler en Pologne. Il a reçu le prix international de la Paix en 1955. Il a baptisé la poésie « le plus sanglant des arts ».

Victor Hugo

« Souvenir de la nuit du 4 »

L'enfant avait reçu deux balles dans la tête.
Le logis était propre, humble, paisible, honnête ;
On voyait un rameau bénit sur un portrait.
Une vieille grand-mère était là qui pleurait.
Nous le déshabillions en silence. Sa bouche,
Pâle, s'ouvrait ; la mort noyait son œil farouche ;
Ses bras pendants semblaient demander des appuis.
Il avait dans sa poche une toupie en buis.
On pouvait mettre un doigt dans les trous de ses plaies.
Avez-vous vu saigner la mûre dans les haies ?
Son crâne était ouvert comme un bois qui se fend.
L'aïeule regarda déshabiller l'enfant,
Disant : – Comme il est blanc ! approchez donc la lampe.
Dieu ! ses pauvres cheveux sont collés sur sa tempe ! –
Et quand ce fut fini, le prit sur ses genoux.
La nuit était lugubre ; on entendait des coups
De fusil dans la rue où l'on en tuait d'autres.
– Il faut ensevelir l'enfant, dirent les nôtres.
Et l'on prit un drap blanc dans l'armoire en noyer.
L'aïeule cependant l'approchait du foyer
Comme pour réchauffer ses membres déjà roides[1].
Hélas ! ce que la mort touche de ses mains froides
Ne se réchauffe plus aux foyers d'ici-bas !
Elle pencha la tête et lui tira ses bas,
Et dans ses vieilles mains prit les pieds du cadavre.
– Est-ce que ce n'est pas une chose qui navre[2] !
Cria-t-elle ; monsieur, il n'avait pas huit ans !

1. Raides.
2. Fait mal.

Autres lectures

Ses maîtres, il allait en classe, étaient contents.
Monsieur, quand il fallait que je fisse une lettre,
C'est lui qui l'écrivait. Est-ce qu'on va se mettre
À tuer les enfants maintenant ? Ah ! mon Dieu !
On est donc des brigands ! Je vous demande un peu,
Il jouait ce matin, là, devant la fenêtre !
Dire qu'ils m'ont tué ce pauvre petit être !
Il passait dans la rue, ils ont tiré dessus.
Monsieur, il était bon et doux comme un Jésus.
Moi je suis vieille, il est tout simple que je parte ;
Cela n'aurait rien fait à monsieur Bonaparte
De me tuer au lieu de tuer mon enfant !
Elle s'interrompit, les sanglots l'étouffant,
Puis elle dit, et tous pleuraient près de l'aïeule :
– Que vais-je devenir à présent toute seule ?
Expliquez-moi cela, vous autres, aujourd'hui.
Hélas ! je n'avais plus de sa mère que lui.
Pourquoi l'a-t-on tué ? Je veux qu'on me l'explique.
L'enfant n'a pas crié vive la République. –
Nous nous taisions, debout et graves, chapeau bas,
Tremblant devant ce deuil qu'on ne console pas. [...]

Les Châtiments, livre II, poème III.

Nazim Hikmet

« La plus étrange des créatures »

Comme le scorpion, mon frère,
tu es comme le scorpion
dans une nuit d'épouvante.

Comme le moineau, mon frère,
tu es comme le moineau
dans ses menues[1] inquiétudes.
Comme la moule, mon frère,
tu es comme la moule
enfermée et tranquille.
Tu es terrifiant, mon frère,
comme la bouche d'un volcan éteint.
Et tu n'es pas un, hélas,
tu n'es pas cinq,
tu es des millions.
Tu es comme le mouton, mon frère,
quand le bourreau habillé de ta peau
quand l'équarrisseur lève son bâton
tu te hâtes de rentrer dans le troupeau
et tu vas à l'abattoir en courant, presque fier.
Tu es la plus étrange des créatures, en somme,
plus drôle que le poisson
qui vit dans la mer sans savoir la mer.
Et s'il y a tant de misère sur terre
c'est grâce à toi, mon frère,
si nous sommes affamés, épuisés,
si nous somme écorchés jusqu'au sang,
pressés comme la grappe pour donner notre vin,
irai-je jusqu'à dire que c'est de ta faute, non,
mais tu y es pour beaucoup, mon frère.

In *Il neige dans la nuit et autres poèmes*,
trad. M. Andaç et G. Dino, © Gallimard.

1. Minuscules.

Autres lectures

Les mots du slam

Break dance : style de danse développé à New York dans les années 1970, caractérisé par son aspect acrobatique et ses figures au sol. Un danseur de *break dance* est appelé *breaker*, *breakdancer*, *B-Boy* ou encore *B-Girl*, s'il s'agit d'une femme.

Engagé(e) : un texte, un film, un poème est dit engagé lorsqu'il prend position par rapport à une cause (les poèmes d'Aragon sur la Résistance durant la Seconde Guerre mondiale) ou critique la société, par exemple certaines œuvres de Voltaire. La majorité des textes de slam et de rap sont des textes engagés.

***Flow* (ou flux)** : désigne le rythme sur lequel le chanteur de rap ou le slameur chante, scande ou déclame son texte.

Hip-hop : vaste mouvement culturel et artistique né aux États-Unis au début des années 1970, qui inclut différentes facettes de la culture urbaine, comme le rap français, le rap américain, le slam, la *break dance*, les tags, graffiti, etc.

Phrasé : manière, propre à chaque slameur, de ponctuer et rythmer ses phrases.

Rap : mouvement musical né aux États-Unis en 1983, où les paroles sont scandées sur un fond musical très rythmé.

Slam : de l'anglais *to slam* (« écraser, claquer »), mouvement poétique né aux États-Unis dans les années 1980. Les paroles des poèmes, scandées et rythmées, sont récitées sans fond musical. La déclamation publique vise à surprendre ou émouvoir l'auditoire.

Slam session : rencontre organisée sur une scène ouverte (chacun peut prendre la parole sur simple inscription), qui a pour but le partage poétique, la mise en jeu et mise en scène de la voix, des mots et des émotions.

Spoken word : forme de poésie avec accompagnement musical tout en gardant l'accent sur la performance orale. La musique est alors un fond sonore, un « écrin » dont se détachent les mots et les idées.

Tournoi slam : compétition où les slameurs confrontent leurs textes, à raison d'un poème à la fois et de trois minutes par poème. Un jury choisi dans le public attribue à chaque poème une note de 1 à 10.

Underground : mot anglais signifiant littéralement « sous terre », en référence au métro londonien. Par extension, le terme désigne ce qui se déroule à l'abri des regards. La culture *underground* se veut alternative, en marge de la société, tenue à l'écart des médias.

À lire

Héloïse Guay de Bellissem, *Au cœur du slam : Grand Corps Malade et les nouveaux poètes*, Alphée, 2009.

L'auteure-journaliste raconte son expérience de spectatrice des scènes ouvertes, interwiewe de nombreux poètes qui lui ont offert des textes inédits. Une vision « de l'intérieur » du slam français.

***Slam ô féminin*, éd. l'Harmattan, 2008.**

Shein B, Chantal Carbon, Catmat, Audrey Chenu, Fleur, Marie Martias, toutes membres du collectif, proposent leurs textes : contes poésie ou prose... qui défendent les valeurs du slam, entre implication sociale, libre expression et convivialité.

***L'Agenda du (presque) poète*, éd. La Martinière Jeunesse, 2007.**

Quatre cents pages de conseils, idées, citations, découvertes, exercices de style, activités d'écriture et dessins. Destiné à tous les collégiens qui font leurs premiers pas en poésie, cet agenda les guidera jour après jour durant toute une année et stimulera leur créativité.

À voir

***Slam*, Marc Levin, 1998.**

Ray Joshua, mi-rappeur, mi-poète, vit à Dodge City, une cité à haut risque. Lorsqu'il est arrêté en possession de drogue, il se retrouve plongé dans l'impitoyable univers de la prison dans l'État de Washington. Il y rencontre Lauren Bell, qui enseigne la littérature

et le pousse à cultiver son don pour la poésie. C'est le début du slam comme moyen d'expression.
Un film récompensé par la « Caméra d'or », en 1998. Sa diffusion a contribué à la diffusion du slam aux États-Unis et dans le monde entier.

www.youtube.com « Le slam, c'est quoi ? »

Plus de deux cents slameurs sont interviewés lors d'une session et donnent, en quelques mots, leur conception du slam, liée à leur pratique. Entre « chanson parlée » et « moment d'écriture, de partage et d'écoute », entre « règles à respecter » et « liberté d'expression », toutes les définitions sont bonnes à prendre et le débat reste ouvert !

À écouter

***Midi 20*, Grand Corps Malade, 2005.**

Des poèmes avec accompagnement musical qui ont permis une large diffusion du slam en France.

***Gibraltar*, Abd Al Malik, 2006.**

Des textes à la frontière entre le rap et le slam, et des musiques originales.

***Tout feu, tout slam, poésies urbaines*, 2007.**

Ce CD donne la parole à différents talents du slam, entre autres Abd Al Malik, Janek, Damien Noury, Arthur Ribo et l'Assemblée… Des textes intéressants pour se plonger au cœur du slam français.

TABLE DES ILLUSTRATIONS

Conception graphique : Julie Lannes
Design de couverture : Denis Hoch
Recherche iconographique : Claire Balladur
Mise en page : ScienTech Livre
Édition : Valérie Antoni
Fabrication : Marine Garguy

N° édition : 10284043 - Dépôt légal : août 2019
Imprimé en France, en mai 2022, par la Nouvelle Imprimerie Laballery - N° 204182

La Nouvelle Imprimerie Laballery est titulaire de la marque Imprim'Vert®

COLLÈGE

73. **Balzac**, *Adieu*
65. **Bédier**, *Tristan et Iseut*
74. **Chrétien de Troyes**, *Yvain, le Chevalier au lion*
51. **Courteline**, *Le gendarme est sans pitié*
38. **Dumas**, *Les Frères corses*
71. **Feydeau**, *Un fil à la patte*
67. **Gautier**, *La Morte amoureuse*
1. **Homère**, *L'Odyssée*
29. **Hugo**, *Le Dernier Jour d'un condamné*
2. **La Fontaine**, *Le Loup dans les Fables*
3. **Leprince de Beaumont**, *La Belle et la Bête*
10. **Maupassant**, *Boule de suif*
26. **Maupassant**, *La Folie dans les nouvelles fantastiques*
43. **Maupassant**, *Quatre nouvelles normandes* (anthologie)
62. **Mérimée**, *Carmen*
11. **Mérimée**, *La Vénus d'Ille*
68. **Molière**, *George Dandin*
7. **Molière**, *L'Avare*
23. **Molière**, *Le Bourgeois gentilhomme*
58. **Molière**, *Le Malade imaginaire*
70. **Molière**, *Le Médecin malgré lui*
52. **Molière**, *Le Sicilien*
36. **Molière**, *Les Fourberies de Scapin*
6. **Nicodème**, *Wiggins et le perroquet muet*
21. **Noguès**, *Le Faucon déniché*
59. **Perrault**, *Trois contes* (anthologie)
8. **Pouchkine**, *La Dame de pique*
39. **Rostand**, *Cyrano de Bergerac*
24. **Simenon**, *L'Affaire Saint-Fiacre*
9. **Stevenson**, *Le Cas étrange du Dr Jekyll et de M. Hyde*
54. **Tolstoï**, *Enfance*
61. **Verne**, *Un hivernage dans les glaces*
25. **Voltaire**, *Le Monde comme il va*
53. **Zola**, *Nantas*
42. **Zweig**, *Le Joueur d'échecs*
64. *Ali Baba et les quarante voleurs*
81. *Anthologie du slam*
4. *La Farce du cuvier* (anonyme)
37. *Le Roman de Renart* (anonyme)
41. *Les Textes fondateurs* (anthologie)
44. *Quatre contes de sorcières* (anthologie)
5. *Quatre fabliaux du Moyen Âge* (anthologie)
27. *Quatre nouvelles réalistes sur l'argent* (anthologie)
22. *Trois contes sur la curiosité* (anthologie)

LYCÉE

33. **BALZAC**, *Gobseck*
60. **BALZAC**, *L'Auberge rouge*
47. **BALZAC**, *La Duchesse de Langeais*
18. **BALZAC**, *Le Chef-d'œuvre inconnu*
72. **BALZAC**, *Pierre Grassou*
32. **BEAUMARCHAIS**, *Le Mariage de Figaro*
20. **CORNEILLE**, *Le Cid*
78. **CORNEILLE**, *Médée*
56. **FLAUBERT**, *Un cœur simple*
49. **HUGO**, *Ruy Blas*
77. **HUGO**, *Pauca Meae*
57. **MARIVAUX**, *Les Acteurs de bonne foi*
48. **MARIVAUX**, *L'Île des esclaves*
19. **MAUPASSANT**, *La Maison Tellier*
69. **MAUPASSANT**, *Une Partie de campagne*
55. **MOLIÈRE**, *Amphitryon*
15. **MOLIÈRE**, *Dom Juan*
35. **MOLIÈRE**, *Le Tartuffe*
79. **MOLIÈRE**, *Le Misanthrope*
63. **MUSSET**, *Les Caprices de Marianne*
14. **MUSSET**, *On ne badine pas avec l'amour*
46. **RACINE**, *Andromaque*
66. **RACINE**, *Britannicus*
30. **RACINE**, *Phèdre*
13. **RIMBAUD**, *Illuminations*
50. **VERLAINE**, *Fêtes galantes, Romances sans paroles*
45. **VOLTAIRE**, *Candide*
17. **VOLTAIRE**, *Micromégas*
31. *L'Encyclopédie* (anthologie)
75. *L'Homme en débat au XVIIIe siècle* (anthologie)
83. *Nouvelles réalistes et naturalistes* (anthologie)